知的生きかた文庫

上手な心の守り方

枡野俊明

三笠書房

はじめに

本書のテーマは、「心の守り方」です。

心を守るための方法はただ一つ。

それは、心を「強く」するのではなく、「柔軟に」することです。


禅ではそういう心のありようを「柔軟心《にゅうなんしん》」といっています。

「柔軟心」とはつまり、決まった形のない心のこと。物事に対する考え方が「こうあるべき」「こうあらねばならない」と一つに固定されておらず、状況や相手に応じて自由自在に変わっていくことを意味します。

なぜ、この心のありようが大事なのか？

心はどんなに「強く」したところで、このストレス社会においては、傷ついてしまうし、折れてしまうからです。自分の心をどんなに固く分厚い殻で覆ったところで、それがすべてのストレスを跳ね返してくれるシェルターにはなりえないのです。むしろ不安や悩み、迷い、怒りをこじらせてしまうことになりかねません。

もちろん、ときにはストレスを「跳ね返す」心の強さも必要です。しかし、ときにはストレスを上手に「受け入れる」ことや、上手に「受け流す」ことも必要になってきます。たとえるなら、空に浮かぶ雲のような柔軟さで。

雲は、南から風が吹けば北に、東風なら西に流れます。形も変幻自在に変わります。それでいて雲としての本質は同じ。

そんな〝雲の生き方〟に倣《なら》って、人間も「柔軟心」を持って生きればいいのです。「何があっても無理して逆らわず、流れに任せればいいんだ」と気楽になれます。そうすることで、イヤなこと、ムカムカすること、イライラすること、クヨクヨすることに押しつぶされそうになる心が守られるのです。

ただし、現実はしっかりと見極めることが必要です。そうでないと、柔軟に対応できませんからね。風がどちらの方向に吹いているのか——その現実を、決して逃げずにしっかり見極めて、そのうえで、身を委ねるのです。

そうすると別の世界が広がってきます。視点が変わります。そのうえで、「さて、どうしようか」と心が健やかに、穏やかにいられる方法を考え、行動する。それが一番です。

もう一つ大事なのは、心のありようを「自然」から学ぶこと。たとえば椿は、とくに北のほうでは、葉の下に花が開きます。そうして葉が雪を防いでいるのです。また南のほうでは、厚い葉がこんもり茂って、日が樹皮の薄い幹に直接当たらないようにしているそうです。植物は自分では動けないから、自然に柔軟に対応しているのです。

椿だけではなく自然には、人間の生き方に通じる学びがたくさん見つかります。

現実に翻弄されて、心が乱れそうになったら、雲をながめつつ、自然の営みに目を向けてください。そして心を乱すネガティブな思考やら、損得勘定やら、優劣を競う考えやらを脱ぎ捨て、自然の一部たる人間としての営みに回帰しましょう。必ずや、心は守られます。

本書が、みなさんが前向きに生きるために、よりよい方向に導く一冊になることを心より願っています。

合　掌

二〇一九年三月吉日　建功寺方丈にて

枡野俊明

目次

2章

絶対、無理をしない

——「自分を大切にする」とはこういうこと

3章

すぐに、人と競わない
――「自分の物差し」でしっかり生きる

4章

ささいなことで、怒らない

――心をすり減らさないためのコツ

5章

いつまでも、クヨクヨしない
――落ち込んでもいい、でも早く立ち直ろう

編集協力／千葉潤子
本文DTP／株式会社Sun Fuerza

1章

まず、自分を嫌わない

――「心を守る」ための絶対ルール

1

自分を「全否定」しない

「心を守る」
ための基本中の基本

○「結果」だけ見ていると、人生は苦しくなる

いまの社会は、早急に結果を出すことを求めすぎている嫌いがあります。そのために「結果、失敗に終わった」とき、それまでコツコツ頑張ってきたプロセスがまったく評価されない、ということが生じます。

そうなると、まるで自分自身が全否定されたような気持ちになって、心が大変傷つきます。「次は頑張ろう」という気力さえも奪われかねないのです。

ちょっと結果を離れて、プロセスに目を向けてみませんか？　結果を「一〇〇点か〇点か」で見るのではなく、「三〇点」も「五〇点」も「七〇点」もあると考えるのです。そうすると「ここまではけっこううまくいっていた」「ここで判断ミスをしちゃったんだな」「なんか最初からつまずいていたなぁ」といったことがわかります。

そのうえで「次はここに注意しよう」「別のやり方でやってみよう」などの改善策を立てればいいのです。そうして課題や注意点がわかれば、次に挑戦する意欲が湧いてきます。「きっとうまくいく」という自信につながるのです。

「結果」だけ見ていると、心がつらくなります。人生が苦しくなります。

2

「ダメ出し」を真に受けない

そして、冷静
になるのが大事

○意気消沈する前にやるべきこと

仕事でも私生活でも、自分のやったことに対して「ダメ出し」をされることは、少なからずあると思います。そんなときは誰だって傷つきます。

しかし意気消沈する必要はまったくありません。相手だって、多くの場合、すべてを否定したわけではないでしょう。ここはまず冷静になって、「自分のどこがダメ出しされたのか。本当にダメなのか」をよく考えることが大切です。全否定されたと思い込んではいけません。それでは思考停止に陥ってしまうからです。思考停止に陥ってしまうと、行動できなくなってしまいます。前に進めなくなります。

だから冷静になって考えることです。そして、冷静に考えたうえで、最後までやり抜くこと。よりよい結果を出せば、「ダメ出し」を覆すことだって可能です。そういった気構えを持ち、努力することが大事だと思います。

これは「ダメ出し」されたときに限ったことではありませんが、何かイヤなことがあったときに思考停止になってはいけません。いまの状況をよく理解し、冷静になって考えることこそが、心を凝り固まらせず、前に進むための要諦なのです。

3

不完全でよしとする

「完璧」なんて、
世の中にない

○すぐに「自分の努力不足のせい」にするのをやめよう

禅は「完璧」「完全」という概念を否定しています。

これは、美に対する考え方を西洋と対比するとわかりやすいでしょう。西洋では、寸分の狂いもなく左右対称、これ以上手の入れようがない形を「完全な美」とします。

一方、禅に立脚した美意識を持つ日本では、その完全を一度壊して、自身の思いや人間性などを加えていきます。たとえば抹茶茶碗なら、形のゆがみや色ムラなどのあるものが、「不完全の美」として尊重されるのです。

同様に、「物事にはすべて完全・完璧はない」、いいかえれば「どこまで行っても、その先に努力の世界が開けている」というのが禅の考え方です。

努力に終わりがないのですから、常に努力が不足しているのは当たり前。何かうまくいかないことがあるから「努力不足」なのではなく、うまくいこうがいくまいが、さらに努力する余地がある、ということです。

その観点に立てば、うまくいかないからと自分の努力不足のせいにして、落ち込むことに意味はないと思えるはず。「不完全の完全」を目指すことこそが尊いのです。

4

劣等感をこじらせない

いいも悪いも
表裏一体

○「ちょっと気が弱いけれど、私は人にやさしくできる」

「あなたは自分のどこが好きですか？　どこが嫌いですか？」

こう問われたとき、好きなところをたくさん挙げられれば、本書でいう「心の守り方」が上手な人。好きなところが多ければ多いほど、その資質をさまざまな場面に生かそうという気持ちになるからです。つまり心が外に向かって開かれるのです。

ですけれども大半の人は、嫌いなところはスイスイ、たくさん出てきますが、好きなところとなると「んー」と考え込んでしまうのではないでしょうか。「のろまな自分がイヤ、気の弱い自分がイヤ、不器用な自分がイヤ……」というふうに。

そうなると、嫌いな面にばかり気持ちが強く向きますから、どうしたって心の自由が奪われるのです。

そうならないように、たとえば「のろまだけれど、私は慎重に行動ができる」「ちょっと気が弱いけれど、私は人にやさしくできる」「不器用だけれど、私は最後まで努力できる」といった具合に、「嫌いなところ」を正反対に変換してプラスに考えてみましょう。劣等感に凝り固まっていた心がほぐれて、もっと前向きになれます。

5

自分に「ある」ものに目を向ける

心を守る
自己評価法

○減点法ではいつまでたっても自分を好きになれない

自己評価をするとき、どうしても自分の苦手なところに目が行ってしまいがちです。まじめな人ほど、苦手を克服しなければという意識が強い傾向もあるようです。

なぜそうなるのか。一番の原因は、「すべてにおいて高い能力を持っていなければ、優秀と評価されない」という思い込みにあるのではないでしょうか。

それを「ナンセンス」とまではいいませんが、苦手なことは苦手なままでもいいではありませんか。というのも苦手なことは、一生懸命努力しても、さほどの成果は上がらないからです。同じ一〇の努力をして、人が一〇の結果を出すところ、七くらいが精いっぱいでしょう。それで落ち込んだら、自分のことが嫌いになってしまいます。

その点、得意なことだと、七の努力で一〇の結果を出すことが可能です。得意なことは成長スピードが速いのです。しかも取り組むこと自体が楽しい。

ですから、自己評価は「加点法」でいきましょう。すでにプラスの能力があるのなら、その伸びでマイナス分はカバーできます。いや、マイナス部分で努力するよりも、結果的にプラスが大きくなります。それが自分を好きになることにつながるのです。

6

侮辱は余裕で受け流す

何をいわれても
動じない法

○「貴重なご意見をどうもありがとう」

「人を傷つける言葉」のなかには、「自分が優位に立つために、相手を貶めてやろう」という魂胆からぶつけるものがあります。

とくに力の差がほとんどないライバル同士では、相手をなんとか蹴落としてやろうという気持ちが生じやすいものです。ちょっとした失敗をあげつらって、「こんな仕事ぶりでは、君を信用できない」などと声高に言い放つ、みたいなことが起こります。なかにはわざわざ昔の失敗を引っ張り出してきて、「あのときみたいな失敗をされたら困るんだよ。恐いな、君と仕事をするのは」などと侮辱する人もいるでしょう。

そんな言葉をまともに受けることはありません。「なぜそんなに悪しざまにののしるのか」と落ち着いて考えれば、相手の薄っぺらい闘争心が透けて見えてくるはずです。傷つく必要はないし、言い返して争うのもばかばかしい。「真に受けない」に尽きます。そして余裕で「貴重なご意見をありがとう」と流す。「一理あるな」と思うなら、それを成長の糧《かて》にすればいいのです。自分を傷つけにかかってくる人は、ある意味で自分の成長を促してくれるありがたい存在でもあるのです。

7

無神経な人は「かわいそうな人」

「心ない人間」への対処法

○軽蔑すべき人間を「反面教師」にする

前項に続きますが、「人を傷つける言葉」には、相手を思いやらない無神経な言葉があります。たとえば自然災害があったときなどに、「テレビ、見た？　すごいよね。映画みたいで興奮したよ」などと軽くいうような言葉です。面白半分で写真や映像に収める人もいます。被災された方の大変な苦労・苦痛への気づかいがないのです。

もし自分がそういう心ない言葉をぶつけられても、気にすることはありません。どのみち大した考えもなく発言していることですから、「無神経な人だな」「軽い人だな」「かわいそうな人だな」と思えばいい。

もっと大事なのは、自分自身がそういう発言をしないように心がけることです。いまはSNSを介して空虚な言葉が大量に吐き出されている時代です。奇をてらったことをいって注目されたいのか、思いついたまま言葉を発信することが習い性になっているのか、会話の内容が軽すぎるのです。

せめて自分だけでも、何かを見聞きしたら、常に人の気持ちに添って考えるようにしてください。一度考えてから発した言葉にこそ、重みがあるのです。

8

無理して強がらない

悲しみ、苦しみと
「一味《いちまい》になる」

○落ち込んでもいい、でも早く立ち直ろう

お檀家さんにご不幸があったとき、私は会葬者の方々によくこんな言葉をかけます。「身内や親しい人を亡くすのは、本当に悲しいことです。これ以上の悲しみはないのですから、気が済むまで涙を流してください。そうしてとことん悲しむ時間を持ち、やがて先立った方のご遺志をどう受け継いでいくかを考えましょう」

日本人は人前で泣くことを恥ずかしいと思う気持ちが強いので、男性はもちろん女性も涙をこらえて毅然と振る舞おうとしがちです。ですけれども、それはいけません。

禅には「一味になる」という考え方があります。悲しいとき、苦しいとき、うれしいとき……そのときどきの感情と一つになって命を生き切り、次の瞬間には気持ちを切り替えて生きていくことを大切にしています。そうでないと、そのときの感情が中途半端なまま残り、それを引きずって生きていくことになってしまいます。

落ち込むことがあったときも同じ。「落ち込むのはみっともない」などと思わず、とことん落ち込んでいいのです。であればこそ、早く立ち直ることができます。大事なのは、落ち込まないことではなく、落ち込んでもなるべく早く立ち直ることです。

9

人にペコペコしない

そして、
横柄にもならない

○「人」として、誰とでも対等につき合う

たとえば仕事上、取引関係においては、立場的に「発注するほうが上」「受注するほうが下」のような関係が生じます。その意識が強いと、相手によって態度をころころ変えることになります。

仕事をもらう側に立つと、仕事をくれる側にへりくだって、へりくだって、頭が膝にくっつくくらいペコペコする――。必要以上にへりくだることは、心をゆがませてしまいます。

逆に、発注する側に立つと、下請けなどに対して非常に横柄になる。これは感心しません。ビジネスである以上、関係は対等であって然るべき。もらう側だから卑屈に、あげる側だから横柄になることはありません。

ビジネスにおける人間関係は基本、相手によって態度を変えないのが望ましい。人として対等に、フラットに接するのが一番です。もちろん、いずれの場合も、「お仕事をご依頼いただき、ありがとうございます」「お仕事をお引き受けいただき、ありがとうございます」という感謝の気持ちはお忘れなく。

10

「自分も捨てたもんじゃないな」

「自己肯定感」
の高め方

○何かうまくいくたびに、こんな一言を

いまの教育は「平等という名の不平等」になっているように思えてなりません。すべての教科で、みんなが平均点を取れるようにすることを眼目としているからです。

一〇〇歩譲って、高校受験くらいまでは基礎的な学力・知識を身につけることが重要なので、それでもいいでしょう。しかし、そこから先は能力に凸凹があることを前提に、いいところをどんどん伸ばしてあげたほうがいい。そのいいところが見つかるチャンスを平等に与えることが、教育における平等だと、私は思います。

それはさておき、こういう〝平均点教育〟に慣れると、自分のどこが優れているのかがわからなくなります。〝平均点以下の自分〟を気にする度合いが強くなるのです。

しかし人間というのは、一〇人いれば一〇人、何か得意なものがあります。そこをしっかり自覚するために、「自分も捨てたもんじゃないな」を口グセにしてみてはいかがでしょう。小さなことでいい、何かうまくいくたびに「自分もやるな。捨てたもんじゃない」とつぶやくのです。そうしてたくさんの「できる自分」を発見すると、だんだんに自己肯定感を高めていくことができます。自分を好きになれるのです。

11

うまくいったら素直に喜ぶ

それが、心のなか
を明るくするコツ

○謙遜するのも、ほどほどに

誰しも褒められればうれしいものです。褒められたら、大いに喜びましょう。日本人は謙虚なせいか、褒められても素直に喜ぶ姿を見せないことが美徳と思う人が多いかもしれません。

それは悪いことではないのですが、謙遜も過ぎるとイヤミです。誰が見てもすばらしい成果を出したから褒めたのに、「いえ、褒められるほどのことはしていません」などと返されたら、相手はシラけるだけです。「ありがとうございます。今後も精進します」でいい。そのほうが心を明るくします。人生を前向きなものにします。

また褒め言葉が本当にもったいないもの、皮肉でいわれたと感じるものだとしても、素直に喜んでけっこう。相手が褒め言葉に仕込んだ悪意を「ありがとう」の一言でかわせます。これができないと、相手の悪意にからめ取られることになります。

ただし褒められて喜ぶのは一瞬。自分一人の手柄にして有頂天にならず、周囲の協力に感謝する気持ちを表わしましょう。「ありがとうございます。みなさんに支えられていい仕事ができました」といえれば最高です。

12

「置かれた場所」でいま輝く

人の価値は
「時価」ではかられる

○過去をさっぱり、きっぱり捨てる

年を重ねるにつれて、〝昔自慢〟が多くなります。同窓会などで「これでも専務まで出世してね」と胸を張ってみたり、若い部下をつかまえて「昔、こうやっていくつもの華々しい成果を出してきた。このやり方でやってみたまえ」と説教したり。

若いころに苦労して成し遂げたことは誇らしく、繰り返し語りたくなるのでしょう。気持ちはわかりますが、そうした心持ち、心構えは自分を小さくし、周囲もうんざりさせていることを自覚したほうがいい。最悪、「昔のことしか、語ることがないんだな」と思われ、自分の評価を下げることになりかねません。せっかくの「過去の栄光」が、どんどん輝きを失ってしまうのです。

そんな人は、いわば〝嫌われ者〟。客観的に自分を見たとき、とても自分で自分を好きにはなれないでしょう。この場合に限っては、自分を嫌うべきです。

過去の成功や名声にとらわれることを戒める「放下着《ほうげじゃく》」という禅語があります。過ぎ去った物事はすべて、すっぱりうち捨てなさい、という教えです。人間の価値は本来、「時価」ではかられるもの。常に「いまの仕事ぶり、生き方」で輝きましょう。

13

妙なプライドを捨てる

器が大きい人
小さい人の分岐点

○地位が上がるにつれ、心しておきたいこと

「あんな大衆酒場で飲むなんて、プライドが許さない」

「私にもプライドというものがありますから、そんな雑用仕事はやりません」

「自分のプライドにかけて、私の判断は間違っていなかった」

そういった言葉をよく耳にします。「自分はレベルの高い人間なんだよ」とでもいいたいのでしょうか。私には逆に、自分に自信のないことの裏返しのように思えます。

そんな変なプライドを守ることに汲々となり、それがひいては、この例でいうなら「大衆酒場で過ごす楽しいかもしれないひととき」「雑用から得られるかもしれないひらめきや経験値」「違った判断から広がるかもしれない可能性」をみすみす逃し、自分の器を小さくすることにもつながるのです。

地位が上がるにつれて行動力が鈍り、現場から遠ざかる人が増えますが、それでは成長がストップするだけ。プライドを捨ててこそ、自分の器が大きくなるのです。もちろん「自分の仕事や生き方に自信と誇りを持つ」という意味でのプライドは大切なものですが、妙なプライドとごっちゃにしてはいけません。

14

悪事を働かない

「隠し事」は、
心の健康をむしばむ

○不正を隠し通すことはできない

粉飾決算、食品の産地や賞味期限の偽装、品質を担保するデータの捏造《ねつぞう》、無資格者による検査の実施……企業スキャンダルがいっこうになくなりません。それによって手ひどいダメージを受けた企業がたくさんあるにもかかわらず、です。うまく隠し通せると思うのかもしれませんが、「悪因悪果」で、「不正は必ずバレる」のです。

不正が起こる原因の一つは、売上目標の数字に縛られていることでしょう。「このままだと目標を達成できない」「このままだと在庫がさばき切れずに損失が拡大する」など、数字だけを見て仕事をしているところが問題です。もしかしたら現場から「無理です。ここを改善することが先決です」という声がトップに届かなかった可能性もあります。単純に数字をコントロールする経営陣と現場の意識が乖離《かいり》していないかを見直す必要がありそうです。

仕事というのはすべからく「世のため人のため」にあるもの。ここさえ見失わなければ、やがて数字はついてくる。私はそう思います。不正をしている人は、いつもビクビクしています。不正は心の健康をむしばみ、人生を暗いものにしていきます。

15

一つのことに集中する

その道一筋の人に学ぶ
「筋の通った生き方」

○「これだけは負けない」というものがある人の強さ

私が住職を務める建功寺では、数年前から本堂の新築を進めてきました。材料選びではとくに、奈良県の佐藤木材という会社に大変お世話になりました。そこの会長さんは「私は〝木材バカ〟で、ほかのことはわかりません」といいます。すばらしいことです。逆にいえば、こと木材にかけては、超一流だということです。実際、この会社は「白太《しらた》」というシロアリなどの被害を受けやすい白い部分を削り、比類なき高品質の木材を提供します。歩留まりが悪く高価ながら、揺るぎない信念を持って最高品質の木材を提供し続けているのです。

彼のように一つのことに突出した能力を磨き上げてきた人は、芯が一本通っている。いいかえれば「できないことのある自分」に対して寛容なのです。だからこそ会長のまわりには、関連する分野で一流の腕を持つ〝助っ人〟たちが集まってくるのでしょう。現代人は「できないこと・知らないことのある自分」に、狭量すぎるように思います。万能を目指すより、もっと「一つのことしかできない自分」に寛容になりませんか。自分のできることを磨き上げ、あとはできる人に助けてもらえばいいのです。

16

すねない、怒らない、愚痴らない

バタバタしても
自分は守れない

○「行動」しなければ何も変わらない

面白くないことがあると、ことさらにすねて見せたり、ワッと怒り出したり、泣きわめいたり、愚痴を並べ立てたりする人がいます。

彼らは何のために、そんなふうに自分の感情を露わにするのか。一言でいえば、「自分を認めてもらうため」でしょう。

「自分はこんなに苦労をしているのに」「自分はこういう気持ちで頑張っているのに」などと周囲にアピールして、みんなから「大変ですね」「頑張っていますね」「そりゃあ、理不尽ですね」といってもらいたいのです。

それで自分の心が穏やかになるかというと、逆です。いくらすねても、怒っても、嘆いても、行動しなければ状況は何も変わらないからです。ただただイヤな思いがいつまでも心に渦巻くだけなのです。

もしそういう気持ちになったなら、原因を突き止めることが先決。そのうえで「どうりでイヤな気分になったはずだ」と納得できたとき、状況を変えるための行動を自ら起こすことができます。それが「自分を守る」ということなのです。

17

〃本気〃で事に当たる

自己嫌悪に
絶対陥らない法

○全力を尽くす人に後悔なし

思うような結果が得られないとき、どうしても気持ちは自己嫌悪のほうに傾くものです。「ああすればよかった。こうすればよかった。自分はダメだなぁ」と。

しかし厳しいいい方をすると、それはやるだけのことをやっていないからでしょう。精いっぱいやったと自分で納得できるなら、そうはなりません。結果がどうであれ、「まあ、いいか」「そんなもんだな」「別にいいや」と受け入れて、すがすがしい気持ちになれるのです。私はよくこんなふうにいいます。

「成功したらうれし涙、失敗したら悔し涙を流せるくらいに一生懸命やらないと、すがすがしい気持ちになれませんよ。涙が出ないなら、斜に構えているか、本気になっていないかですよ」

間違っても、大して頑張ってもいないのに、うまくいかなかったとき「まあ、いいか」と流すようなことのないように。全力を尽くしたけれど結果がついてこなかったときに限って、「まあ、いいか」「そんなもんだな」「別にいいや」は自己嫌悪に陥るのを防ぐ〝呪文〟になりうるのです。

18

苦しくても一歩踏み出す

「タフな人」になる秘訣

○寒冷地のヒノキのように、いい年輪を刻む

傷つきたくないからと、困難やイヤなことを避けて通り、心を固く閉ざして生きていると、心はどんどん打たれ弱くなります。ちょっとしたことで傷つきやすく、折れやすい心をつくるのも同然です。

いっとき落ち込んだり、立ち上がれないほど傷ついたりしても、すぐに次の一歩を踏み出す心を持つことが、「心を守る」ということなのです。

たとえるなら、寒冷地のヒノキのようなもの。厳しい自然環境のなかで育つヒノキは、成長は遅いけれど、年輪の幅が狭い、しっかりした木材になります。一方、温暖な地域で育つヒノキは、成長こそ速いけれど、年輪の幅が広く、あまりよい木材にはなりません。

人間も同じ。厳しい環境のなかで生きる人のほうが、こそこそ逃げて生きる人よりも格段に強くなれるのです。さまざまな困難を経験することで、心がしなやかに鍛えられ、人間としてのいい年輪を刻んでいくのです。

みなさんも寒冷地のヒノキのようにたくましく生きてほしい。それが私の願いです。

19

何事にも「心を込める」

口下手のあなたに
伝えたいこと

○「不立《ふりゅう》 文字《もんじ》」という禅の教え

「不立文字」という禅語があります。「もっとも大事なことは、言葉や文字では伝わらない」という意味です。

みなさんのなかには「口下手で、いいたいことの半分も伝わらない」と悩んでいる方がおられると思いますが、そんなことで劣等感を持ったり、自分を嫌ったりしなくてもいいのです。「伝えたい気持ちがあれば、必ず伝わる」と自信を持ってください。

大事なのは、「何もないところに気持ちを込める」ということ。言葉なら「沈黙」、平面・空間なら「余白」、所作なら「間」に思いの丈を託すのです。

たとえば上司や部下とのコミュニケーション。自分なりに言葉にできる部分は、訥々《とつとつ》とした語り口でいいので誠心誠意、言葉にする。そのうえで「沈黙」。部下なら「ご理解いただけますよね」、上司なら「わかってくれたね」という思いを、目と目を合わせて伝える。その「沈黙」が自分の気持ちを何よりも雄弁に物語ってくれるのです。

「伝え上手」な人は決して口がうまくはありません。「伝えたい思いが強い」のです。何事も心を込めることが大切なのです。

20

卑屈にならない

そのためにも
正しい言葉づかいを

○いま、世の中にあふれている変な日本語

最近はよく「敬語・謙譲語の使い方を知らない若者が増えた」といわれます。とりわけ目立つのは「丁寧すぎる言い回し」でしょう。

たとえば〝バイト言葉〟といいますか、お客さんのオーダーを受けて「○○でよろしかったでしょうか」、名前や電話番号をうかがうときに「ちょうだいできますか？」といった変な表現をよく聞きます。また「おコーヒー」「おゴルフ」「お練習」など、なんでも「お」をつけたり、敬語と謙譲語をごちゃ混ぜにして「お客様はこう申していらっしゃいます」といってみたり。

なぜ敬語・謙譲語を正しく使ったほうがいいかというと、間違えると相手に不快感を与えることが一つ。自分で自分の人間性を貶めることにもなります。もう一つは、へりくだりすぎると、知らないうちに自分自身の心を卑屈にしてしまうからです。

おそらく若い人たちは使い方を知らないだけ。「習うより慣れろ」で、どんどん使って、変なところを直してもらいながら身につけていってください。敬語・謙譲語を上手に使えるようになると、間違いなく自分の言葉に自信が持てるようになります。

2章

絶対、無理をしない

――「自分を大切にする」とはこういうこと

21

「いい人」の仮面を外す

自分を見失わない
生き方を

○あなたはいったい、誰?

人の気持ちに添うよう心づかいをすることと、相手に気に入られようと行動することとは、同じようでいてまったく違います。

前者は相手の立場に立って考え、傷つけないよう、また喜んでもらえるよう、自主的に行動することです。行動の主体が自分の欲求であるという意味ですばらしい。一方、後者の場合は、「自分をよく見せたい」という〝下心〟があるものです。そのために無意識のうちに、自分が「こうしたい」という思いにフタをすることになります。

しかも「相手」というのは常に一様ではありません。一〇人いたら、それぞれに気に入られるよう振る舞うために、一〇人分の自分が必要になります。相手の反応ばかり気にして、どこかで自分を殺したり、偽ったりすることが増えてしまうのです。

それは非常に疲れることであり、自分自身を見失うことでもあります。だからもう、相手かまわず〝いい人仮面〟をかぶるのはやめにしましょう。そして周囲の反応が気になったら、自分自身にこうつぶやいてみてください。「ありのままの私の気持ちを大切にして行動しよう。私の人生の主人公は私なのだから」と。

22

誰かと群れたがらない

それが、あなたの
自由を守ってくれる

○ＳＮＳで仲間はずれ？　それは幸いです

気の合う人たちとグループをつくり、密なコミュニケーションを通して交流を深めていく。それ自体はいいことです。ただＳＮＳにハマった若い人たちを見ていると、「行きすぎではないですか？」といいたくなることもしばしばです。

たとえばレスが遅いというだけで仲間はずれにされたり、ちょっとしたことでバッシングの標的にされたり。そうやって群れから遠ざけられることを怖がると、どうしても「グループのみんなにいい顔をしなければ」という気持ちが強くなります。結果、自分の思いのままに行動する自由を束縛されていくのです。

ＳＮＳで仲間はずれにされてもいいじゃありませんか。誰かと群れたところで心が落ち着くどころか、逆に乱されるだけ。群れに依存するような意識をなくしたほうが、周囲に惑わされることなく心の平穏を保つことができます。

「世にしたがへば、心、外《ほか》の塵《ちり》にうばはれてまどひやすく、人にまじはれば、言葉よその聞きに随《したが》ひて、さながら心にあらず」とは、『徒然草』第七五段にある名文。さすが兼好法師、いいことをいう。群れないからこそ、〝生の自分〟を守れるのです。

23

自分で自分を忙しくしない

心を亡くすべからず

○〝バタバタ貧乏〟にならないために

始終、「忙しい、忙しい」といっている人がいます。そんな自分を嘆いているのかなと思いきや、多くの場合は意外とうれしそう。誇らしげにすら見えます。現代人の頭のなかにはどうやら、「忙しい＝優秀」「忙しい＝人気者」というような方程式があるようです。だから忙しさをアピールすることに余念がないのでしょう。

しかしはっきりいいましょう。それは自己満足にすぎません。自分で自分を忙しくして「どうだ、すごいだろ」と威張りたいだけなのです。実際、「バタバタ貧乏」といいますか、いつもバタバタと忙《せわ》しなくしている人は、周囲からあまり高く評価されることはありません。できる人というのは本来、「忙しい」の「い」の字もいわず黙々と、スピーディに仕事をこなしていくものなのです。

「忙」という漢字は、「忄」に「亡」と書きます。つまり「心を亡くす」ことを意味します。忙しいのはそのくらい恐いこと。わざわざ忙しそうに振る舞っていると、心の健康はむしばまれる一方です。社交辞令で「忙しいですか？」と尋ねられても、「いえいえ、そうでもないですよ」と受け答えできるくらいでちょうどいいのです。

24

空白の時間をつくる

どうでもいい雑事で
人生を消耗しない

○毎日を「やるべきこと」で埋めつくさない

ある経営者の方が、「スケジュールを立てるときは、まずもっとも重要な仕事である『考える時間』を最初に確保するようにしている」とおっしゃっていました。たとえば「月曜の午後と水曜日全日、金曜の午前は、何も予定を入れない」というふうに。もっともそこまでブロックしていても、じわじわと侵食されるそうですが。

忙しい現代人はともすれば、スケジュール帳を予定で埋め尽くすことに一生懸命になりがち。少しでも空白があると、あせって無理矢理何か入れる人もいるくらいです。もしあなたが空白のほとんどない手帳を持っているとしたら、いますぐに考えを改めたほうがいい。あえて空白をつくり、その時間を利用して自分自身を見つめましょう。でないと、人生をどうでもいい雑事ばかりで消耗させることになります。

変化の激しい時代・世の中だからこそ、来し方行く末に思いを致しつつ、自分はどう生きていくべきかをしっかり考えたいではありませんか。

あと〝休肝日〟よろしく「スマホ・デトックス」をする日を設けてはいかがでしょうか。現代人にはスマホに振り回されてばかりの心を休めることも必要です。

25

多少の不義理はやむなし

「断る力」を
身につけよう

○気が進まないなら無理をしない

SNSの発達により、知り合いの数がものすごい勢いで増えていると思います。なかには相当数、現実に会ったことのない人、話したことのない人も含まれるでしょう。

人づき合いが生じれば、そこには決まってなんらかの義理が生じます。たとえば飲み会に誘われたら断れない、相手の取り組む活動に参加を求められたら断れない、冠婚葬祭のイベントがあれば顔を出さないわけにはいかない……といった具合。あんまり義理に縛られると、自分の身がヘトヘトになってしまいます。

すべての知り合いに義理を感じる必要はありません。とくに〝断れない性格の人〟とか、仲間の集まりには常に顔を出していないと不安な人などは、不義理をすると気に病むでしょうけど、多少の義理は欠いてもいい。つき合いの深さに応じて、果たすべき義理と欠いてもよい義理を認識しておくことが大切です。

「つき合いが悪い」と思われることなど気にせず、気が進まなければ断ることを基本にしましょう。断ることがたび重なれば、そのうち誘われなくなり、自然と〝義理のつき合い〟を減らしていくこともできます。

26

〝惰性〟のつき合いを見直す

「義理じまい」
のすすめ

○「年をとったら、風邪をひくな。転ぶな。義理を欠け」

前項に続きます。友人の医師は、お年寄りの患者さんにいつも、「年をとったら、風邪をひくな。転ぶな。義理を欠け」といっているそうです。年を取った人は転んでケガをしたら、そのまま寝たきりになってしまうことがままあります。よくよく話を聞くと、たとえば「近所にご不幸があって、体調が悪いのにお通夜に出かけて転んだ」など、〝義理がらみの事故〟が多いとか。

親類・知人・友人の冠婚葬祭に義理を欠きたくない気持ちはわかりますが、老いたら何よりも自分の健康を守ることが第一。儀式に駆けつけることができなくとも、相手を思う気持ちはいくらでも伝えようがあります。

また律儀な方のなかには、「〝年賀状だけのつき合い〟をもう何十年も続けている」知り合いが何人かいるという人がいるかもしれません。それはそれでいいものですが、もし年賀状を書くのがつらくなってきたなら「今年で最後にさせていただきます」と、おしまいにしたってかまいません。ダラダラ続けるより、むしろそれがきっかけになって、何十年ぶりかの再会を果たせるかもしれませんよ。

27

自分の限界を体で覚える

「ほどほど」
を知るヒント

○キャパシティの守り方と広げ方

たとえばお酒を飲み始めた若いころは、自分がどのくらい飲めるのかわかりません。それなのにムチャをすると、最悪の場合、急性アルコール中毒で病院に運び込まれることになるでしょう。そこまでいかなくとも、体調を崩したり、奇行・蛮行に走ったり。自分のキャパシティを超えたばかりに醜態をさらすことはよくあります。

そうならないためには、どのくらいの量で体や精神状態にどんな変調を来すのかを認識しておく必要があります。何度か失敗をしながらも限界を体で覚えていくことによって、「今日はこの辺でやめておこう」というラインがわかるのです。

仕事も同じこと。自分の能力や体力のキャパシティを考えずに、がむしゃらに頑張りすぎると、やがて体と心が悲鳴をあげます。限界を知って、「今回はここまで頑張る」と決めることが大切です。

それだとキャパシティが広がらないと思うかもしれませんが、じつは逆。限界をクリアするごとに、そのラインを少しずつ上げていけばいい。限界というのは、目標値を設定することによって、じょじょに上げていくことができるものなのです。

28

適宜、ひと休みする

人生には
「踊り場」が必要

○突っ走ると、自分も周囲も見失う

階段にはたいてい「踊り場」が設けられています。一〇〇段、二〇〇段と続く長い階段を、ずっとのぼり続けるのは大変。「踊り場」がなければ、ひと休みするきっかけをつかみにくいものです。

だから階段の踊り場は、とても重宝です。踊り場まで階段をのぼってきて、「さてひと休み」と、ちょっと息を入れる。それだけでたちまち元気が回復し、さらに上へとのぼっていくことができます。気持ちも足取りも軽くなるのです。

こういった〝踊り場効果〟を、人生のさまざまな場面に取り入れてはいかがでしょうか。現代人はとにかく「休みなく突っ走る」傾向があるので、意識的に「ひと休み」したほうがいい。「疲れたな」と感じたら、そこが「踊り場」。階段の上から下を眺めるように、そこまでの自分の行動を振り返り、周囲を見渡しながらどう進んでいくかを考える。そういう時間を持つことが大切です。

休みなく走り続けていると、いつか周囲も自分も見えなくなってしまいます。「疲れたらひと休みする」ことを心がけ、無理せずに着実に歩んでいきましょう。

29

まとまった休みをつくる

コツは
スケジュールの前倒し

○仕事は、その気になれば、けっこう休めるもの

「忙しくて、休みが取れない」「休日出勤続きで、疲れもストレスも溜まる一方だ」「評価が下がると思うと、有給を取る勇気もない」……。そんな声をよく聞きます。

しかし、本当にそうでしょうか。自分から休みを取りに行っていないだけではありませんか？　そこを意識すると、「その気になれば、けっこう休める」ことに気づくように思います。

仕事には〝忙しさの波〟があります。その波を見極めて、たとえば「このプロジェクトが終わったら、五日間の休暇を取って旅行に行こう」と決めるのです。ふつうにやって二日の休みしか取れないなら、ちょっと頑張って早く仕上げられるようにやればいい。

だいたいにおいて人は、締め切りまでの期間をめいっぱい使って仕事を仕上げようとします。が、早めに仕上げれば、その短縮できた分を休みにすることが可能になります。そういう観点から、休みを積極的に取りに行くことを心がけてはどうでしょうか。スケジュールの前倒しにより、上手に休むことができるようになります。

30

一〇分、早起きしてみる

いい一日は、
「朝」に決まる

○活動前の静かな時間を持つのがポイント

私はほぼ休みなく、毎日を暮らしています。ですけれども「疲れる」ということはほとんどありません。おそらく、一日を穏やかな心でスタートさせているからではないかと思います。

起床は毎朝四時半前後。まず、お寺の門や戸をすべて開けて回ります。次に、境内のお地蔵様や仏様にお参りし、さらにご開山様や歴代住職のお墓参りをします。みなさんに朝一番の香り高いお茶をお供えして、その後、お寺のみんなで集まって坐禅をし、大きな声でお経をあげて朝のお勤めをして朝食をとります。

こういった〝朝のお勤め〟が、これから一日を過ごす自分の心と体を非常にいい具合にコントロールしてくれているように思います。

みなさんも、一〇分でいい、いまよりちょっと、早く起床するようにしてはいかがでしょう。窓を開けて深呼吸の一つもし、できれば庭掃除をしてすがすがしい気持ちになり、五分でいいから坐禅をしてみる。それだけで心身の緊張がほぐれ、自然と〝活動モード〟に入れると思います。いい一日が送れること、間違いなしです。

31

人との「相性」を見極める

八方美人に
なっていませんか

○一緒にいて疲れる人とは、できるだけ距離を置く

人づき合いには「相性」というものがあります。人間、相性のいい人とつき合っているほうが、気持ちはずいぶんラクになります。それなのに、

「相性のいい人とばかりつき合っていてはいけないのではないか。相性がよくない人ともつき合ったほうが多くを学べるのではないか」

などと考えて、できるだけ多くの人と親しくしようと努力する人が多いようです。

悪いことではありませんが、無理をしないほうがいいでしょう。一緒にいて疲れるようなら、距離を置けばいいのです。できるだけ避けていいのです。

世の中には、いろいろな人がいます。機関銃のようにしゃべる人、寡黙な人、自慢話の好きな人、常にポジティブな発言をする人、悲観的なことばかりいう人……どういった人とつき合うかに「いい・悪い」はありません。損得もありません。どんなにすばらしいと評判の人でも、無理してつき合わなくてもいいのです。

大事なのは相性。自分が一緒にいて楽しい、元気になる、リラックスできる人と、距離を近づけながら親密度を深めていくといいと思います。

32

機械にばかり頼らない

スマホの
本当の危険性とは?

○「人間」としての能力を失わないために

少し前に四国に行ったときのこと。五剣山という有名な山のふもとに暮らす方が、不意にこういいました。「あの山に雲がかかって、風が湿気てきたので、あと一時間もしたら雨が降りそうです。ちょっと早めに次の場所に移動しましょうか」と。

地元の方のこういう言葉は信じるべきでしょう。経験的・感覚的に天気の変化を敏感に察知する能力が磨かれているのですから。ところがうちのスタッフは、サッとスマホを見て「いや、大丈夫ですよ。ずっと晴れになっています」と受け流しました。

結果、どうなったか。地元の方がいうとおり、一時間とたたないうちに、ザーッと雨が降り始めました。人間は機械と違って、空の色や雲の色・流れ方、風のにおいなどから、直感的に天気の推移を感じ取るだけの能力を持っているということです。

近年は人間が判断してきたことがどんどん機械に置き換えられています。それを便利に使うのはいいですが、あんまり機械にばかり頼っていると、人間本来の能力が錆《さ》びつく危険があります。経験や直感に基づいて自分の頭で判断する機会も減らさないようにしましょう。機械にすべてを委ねるのは、危険なのです。

33

相談相手はよく選ぶ

「疑心暗鬼の時代」
に必要な知恵

○うかつな〝つぶやき〟はケガのもと

ＳＮＳにおける情報の拡散にはすさまじいものがあります。それがたとえば「あそこに困っている人たちがいるから、みんなで助けましょう」というような情報ならいい。善行を世の中に広げることが可能ですから。

しかし、ちょっとした失敗や失言を、〝揚げ足取り〟のように言い立てるのは、いかがなものでしょうか。最初は小さなつぶやきであっても、たちまちものすごいバッシングの嵐が巻き起こることさえあるのです。

ＳＮＳは誰もが気軽に、不特定多数の人たちに自分の思いや意見を伝えることのできる、すばらしいコミュニケーションの場を提供するツールではありますが、無防備に心の内をさらけ出すのは控えるべきでしょう。

悲しいことですが、いまは「疑心暗鬼の時代」といいますか、「誰が自分の言動の揚げ足を取るかわからない」ところがあります。ＳＮＳを介して情報発信する場合は、そのことを前提にする必要があります。そもそも本当に困ったことがあれば、相談する相手はよく選ぶのが基本。不特定多数の人たちは〝適任〟とはいえません。

34

一人で抱え込まない

腹を割って
話せる友を持つ

○困ったときの「心の杖」

何か困った問題が起きたとき、一人で解決しようと頑張る人が少なくありません。「誰かに相談して、迷惑をかけたくない」「問題を抱えていることを誰にも知られたくない」といった気持ちが働くのでしょう。

そんなふうでは、いつまでたっても解決の糸口が見えず、自分の気持ちは重くなる一方。心が弱ってしまいます。悩みや苦しみ、悲しみなどは、外に吐き出してしまわないと、やがて心をむしばんでしまうからです。

前項で「相談する相手を選ぶことが大事」といったのは、まさにそのこと。なんでも腹を割って話せる友が必要でしょう。日ごろから本音で話し合い、互いのことを自分の分身のように思って深いつき合いをしている友こそが「困ったときの心の杖」になりうる存在なのです。

そういう互いの身に起きたことを分かち合える友は、何もたくさんいなくたっていい。一人か二人で十分です。ＳＮＳではない、リアルで閉じられた空間のなかで、いい関係を醸成するよう努めましょう。

35

延々と悩まない

「下手の考え
休むに似たり」

○堂々巡りに陥らないために

「どうしようかな、どうしようかな」

という言葉が頭のなかをぐるぐる回ることはありませんか？

心配事とか困った事態が起きると、どうすればいいかわからず、ただ「悩むために悩んでいる」状況に陥りがちなのです。

悩めば解決する、物事が好転するのなら、いくら悩んでもけっこう。そうでないなら、悩むという行為自体を早々に切り上げたほうがいいでしょう。

「下手の考え休むに似たり」ではありませんが、よい考えが何も浮かばないのに、いくら考えてもむなしく時間が過ぎていくばかりなのです。

悩みがもたらす〝負のスパイラル〟に入りそうになったら、もう何も考えずに、悩むことを〝強制終了〟させましょう。そのうえで、自分にこう命じてください。

「いま、できることをやろう」と。

悩みというのは、悩み続けるのがよくない。なんでもいいですから行動してみれば、たいていは解決へと向かう道筋が見つかるものなのです。

36

意地を張らない

「争い」から
身を守る方法

○譲るところは譲る

少し前、相撲界が揺れに揺れました。発端は、当時の貴乃花親方の弟子、貴ノ岩が元横綱・日馬富士《はるま》から暴行を受けた事件。貴乃花親方は相撲協会に一切報告をせず、鳥取県警に被害届けを提出するや、その後はだんまりを決め込みました。そうこうするうちに、貴乃花親方の弟子による付け人への暴力が発覚し、告発を取り下げることに。そのとき、協会から圧力を受けたの、いや、かけた覚えはないのと、すったもんだが続きました。そして、貴乃花親方はついに相撲協会を退職してしまいました。

事の真相はわかりませんが、唯一いえるのは、貴乃花親方も八角理事長率いる相撲協会も、あまりにも自分の考えに固執しすぎていた、相手の言い分に耳を傾けようとしないガンコさがあった、ということです。

自分がこうあるべきだとすることと、人がこうあるべきだとすることとは同じとは限りません。譲るところは譲るようにしないと、どこまでも平行線のまま。こうなったら第三者を立てて、両者の固い頭をほぐしてもらうしかありません。自分たちでなんとかしようと無理をしないこともまた、争いから心を守る大事な方法なのです。

37

自分の常識を塗り替える

「こうあるべき」思考
からの離れ方

○ガンコな態度は自分を苦しめる

経験を重ねると、その分だけ身につける〝常識の鎧《よろい》〟が頑丈になっていくものです。数々の成功体験に裏づけられた「こういうときはこうするべきだ」という考えが凝り固まってしまうのです。

そうすると、自分の考えに合わない人をバンバン、はねつけるようなことが起こります。自分の知らない、経験したことのない物事に直面すると、「くだらない」と一刀両断にすることもあるでしょう。あるいはなんでもかんでも無理矢理、常識の枠のなかに収めようと無駄な努力をするかもしれません。

それは一見、自分の身を守っている行為のようですが、じつは自分で自分を苦しめていることにほかなりません。

少し〝常識の鎧〟を緩めてごらんなさい。「こうあるべき」思考に隙間ができれば、そこから新しい考え方やアイデアなどがスーッと入ってきます。それが経験の幅を広げることにつながるのです。「こうあるべき」思考から離れることは、心を守る術であるだけでなく、自分が一皮むけて成長するいいチャンスだと考えてください。

38

自分の役目を全うする

「私は、やりきった」を
積み重ねよう

○立場に応じてなすべきことは異なる

「自分のなすべきことをやる」というのは、簡単そうでいて、意外と難しいことです。自分を含めてまわりを見渡してごらんなさい。自分では何もせずに、人のやり方にケチをつけたり、文句をいったりしている人のなんと多いことか。

そもそも「自分のなすべきこと」というのは、「立場」が決めるものです。会社なら、たとえば下っ端の時代はすべてがなすべきこと。上司や先輩たちの〝御用聞き〟が仕事ですから、指示されたことはもちろん、何か手助けできそうだと感じたらすぐに「それ、私がやります」と引き受けていくくらいでないといけません。たとえ雑用でも、多くを経験するうちに、自分に向く仕事や興味のある・なしがわかってきます。

逆にリーダーの立場にある人は、いつまでも〝一兵卒気分〟ではダメです。自分の管理下にある部下たちの仕事ぶりをながめ、問題がないかを目配りしながら、打つべき手を打っていくのが仕事でしょう。それができて初めて、自分の好きな仕事に取り組む余裕も生まれるというものです。立場に応じてなすべきことやりきったという実感を積み上げていくことが大切なのです。

39

「色眼鏡」を外す

そのほうが
人間関係はラクになる

○「あれ、この人、意外といいところもあるな」

人間ですから、必ず気の合う人・合わない人、好きな人・苦手な人はいます。これはしょうがない。無理して合わせよう、好きになろうとしても、うまくいきません。そう努力すればするほど、イヤな面が気になって、「やっぱり合わない、好きになれない」という気持ちのほうが強くなるものなのです。

ですから、まず、「気が合わないままでいい」「苦手なままでいい」と思ってください。それだけでずいぶん気持ちがラクになります。と同時に、相手のイヤな面を意識する気持ちが薄れます。心がフラットになるのです。

そうすると不思議と、「あれ、意外といいところもあるな」という違う面が見えてきます。禅でいうところの〝色眼鏡〟が外れるからです。

いいところを見つけることによって、「とにかく苦手。マイナス一〇」だった人が、「プラスマイナスゼロ」にはならないにせよ、「マイナス三」くらいにはなるのではないでしょうか。それでもイヤな気持ちがなくならないなら、必要最低限のつき合いにとどめて距離を置くだけのこと。会社なら異動もありますから、いつか乗り切れます。

40

身の丈に合った生活をする

「見栄」は、
生き方を苦しくする

○心地よくない背伸びは単なる「浪費」

世の中には、いわゆるお金持ちがたくさんいます。高価なものを身につけ、高級なレストランで食事をし、ゴージャスな旅行を楽しむ……そんな生活にあこがれる気持ちはわかりますが、背伸びをしたところで苦しいだけ。そこまでの収入・資産がないのに、何も無理する必要はありません。

三〇〇〇円のランチで懐が痛むのなら、五〇〇〇円のお弁当でいいではありませんか。お昼にお金をかけられない自分を卑屈に思う必要はありません。

ただし「たまには高級レストランで食事をし、そういう店ならではの雰囲気とか、お客さんの振る舞いなどを勉強したい」とか、「基本、貧乏旅行で、最後の日だけ高級ホテルに泊って、贅沢とは何かを体験したい」「高価すぎて、いまは分不相応の時計だけれど、思いきってローンで買おう。そして、この時計にふさわしい人間になることを目指そう」といった気持ちがあるなら、背伸びも心地いいものになるでしょう。

同じ贅沢をするにしても、自分をよく見せたい見栄からのものであれば「浪費」になり、自分を高める向上心あってのものなら「投資」になる、ということです。

3章

すぐに、人と競わない

――「自分の物差し」でしっかり生きる

41

自分を盛らない

SNS疲れは
こうして起きる

○自分で〝ギャップ〟をつくるから苦しくなる

人はなぜ、他人からよく見られたいと思うのでしょうか。あるがままの自分だと評価されないと思い込んでいるのかもしれません。

あるいはSNS全盛の時代にあって、人目を気にする度合いが非常に高くなったことも原因の一つでしょう。

そういった気持ちが象徴的に現われるのが、「盛る」とか「インスタ映えを狙う」といった行為です。現実に起きたことよりも大げさな話にして、もしくは料理でも持ち物でも風景でもなんでも、中身より見た目重視で表現して、見る人を「すごいな」と驚かせる。そういうところにエネルギーを注ぎ込めば注ぎ込むほど、現実とのギャップが大きくなります。

それは、自分で自分の首を絞めるようなもの。ギャップがあることは本人が一番自覚していますから、それに苦しめられ、生きにくくなってしまうのです。

「人にどう見えるか」は目標ではなく結果にすぎません。自分がよかれと思ったとおりに行動する、その結果が評価されるか否かは別の問題なのです。

42

「世間」を判断の外に置く

流行にうまく乗る人
振り回される人

○「自分がどうしたいか」を忘れていませんか

「流行に乗ってみる」こと自体は、悪くはありません。自分が知らなかった世界に触れて、好奇心に火がつくかもしれませんからね。

ただあんまり振り回されるのは感心しません。最近は美術展や各種イベントがSNSで大きな話題を呼び、来場者が殺到するようなことがよくあります。たとえば「伊藤若冲《じゃくちゅう》展を見るのに二時間、三時間待ち」みたいな事態にまで発展しています。

はっきりいって、これは異常です。大半は絵に興味もなく、若冲の名も知らなかった人たちでしょう。だったら「行かない」という選択肢もあると思うのですが、みんながとりあえず話題のなかに自分が入っていることを見てほしい」と情報発信した部分があるのではないでしょうか。

SNSも成熟段階に入りつつあるいま、そろそろ自己アピールを慎むことも考えたほうがいい。とくに「世間的評価の高いものに飛びついて、その力を借りて自分をワンランク上の人間に見せる」やり方は、もうやめましょうよ。世間的評価がどうであれ、自分はどう思うのか、どう行動したいのかをよく考えることが大切です。

43 情報を鵜呑みにしない

それは本当に
「いいね！」なのか

○情報が拡散される仕組みを知ると……

数年前、ある国の大使館の催しに招待されたときのこと。多くのメディアが取材に来ていたなかに、よくわからない人たちが大勢混じっていました。

「どういう人たちなんだろう」と思っていたのですが、やがてわかりました。みなさん、ブログやツイッター、フェイスブックなどに記事をアップすることを、プロのようにやっている人たちだったのです。

彼らをイベントに招待し、立食形式のパーティでご馳走を振る舞うことで、好意的な記事を書いてもらう。そうすると、フォロワーとかの「いいね！」の輪のなかで、情報がどんどん拡散される。大使館にしてみれば、あまりお金をかけずに宣伝できるいい手法なのでしょう。こういう手法はいま、ますます盛んになっています。

こうした場に招待されるみなさんは、いってみれば発信力の高いインフルエンサー。いろんな場に駆り出されたい気持ちもあって、否定的な情報を発信することはまれです。いかに世の中に拡散している情報でも、ネットではなかなか本質的なことはわからないもの。鵜呑みにして振り回されないよう、注意が必要です。

44

自分の物差しをしっかり持つ

人の評価など
二の次でいい

○他人は、あなたのことをそれほど気にしていない

「少し、やせたんじゃない？」

「いや、体重は五キロも増えたんだけど」

というような会話をしたことはありませんか？　ほかにも、いつもスーツを着ているのに「お、珍しいね。今日はスーツなんだ」とか、髪の毛を切っていないのに「あれ、短くしたんだね」など、会話がちぐはぐになるのは日常茶飯事でしょう。

それどころか、あなたが犯した大失敗・大失態でさえ、他人は簡単に忘れます。「そんなこと、あったっけ？」というふうに。そのくらい他人は、あなたのことをそれほど気にしていない、ということです。

そんな観点からも、「他人の目」を物差しに自分をよく見せようとすることが、いかにむなしいかがわかるというものです。人からの評価など二の次です。人目を気にして自意識過剰になれば、そうは見えないだろう自分を憂え、悩みが深まる一方でしょう。持つべきものは「他人の物差し」ではなく「自分の物差し」。自分がこうありたいと思うところを目指して行動するのが一番です。

45

世間と大きくズレない

周囲の目配りは
怠りなくしておく

○社会と時代にアンテナを張る

自分のやることに徹していると、あまり周囲のことが気にならなくなります。人目を気にして行動することはなくなるでしょう。

それはいいことなのですが、あまりにも気にしなさすぎだと、社会通念や時代が求めていることとの間にズレが生じることにもなりかねません。そうならないよう、常に社会の状況や時代の動きに目配りだけはしておく必要があります。

少しスケールの大きな例でいうと、最近になって急に「ビニール袋やストローを紙に替えましょう」という論調が盛んになってきました。本当は「急に」ではありません。もうずっと前から、「鯨のお腹からストローがいっぱい出てきた」などといわれ、問題視されていたことです。日本企業はとっくに手を打っておくべきでした。

それなのにEUやアメリカから「やめましょう」の声があがって、ようやく重い腰を上げた感じです。「国内の同業他社がまだ動いていないからいい」ではなく、業界全体で環境問題に真摯に取り組む時代の流れや社会の要請を捉えて、どこよりも早く動き出すべきでした。社会状況には常にアンテナを張っておくことが望まれます。

46

物欲を限りなく小さくする

「執着のスパイラル」
からの脱却法

○幸福とは「ありがたい時間」を得ること

「欲望」には、大きくなる性質があります。物欲はその最たるものでしょう。洋服でも、バッグでも、時計でも、車でも、欲しいモノが次々と出てきます。手に入れたら、次はこれ、次はこれ、次はこれ……と際限がなくなります。

しかも、欲しいモノを手に入れることで、心が幸福感で満たされるかというと、そうでもありません。すぐに次の欲しいモノに目が行くので、瞬く間に渇望感に塗り替えられてしまうのです。

こういう状態を「執着のスパイラル」といいます。「もっと、もっと」と望む気持ちが渦になって巻き起こり、終わりのない苦しみにとらわれてしまいます。

モノへの執着は限りなく小さくしていくように努める。そして、幸福感を時間に求めてみましょう。「旬のおいしい野菜を食べたよ」「とても面白い本を読んだよ」「すごくきれいな花が咲いていたよ」「仕事がうまくいったよ」「いい人に出会ったよ」……そんな〝ありがたい時間〟を積み重ねていくと、心がこの上ない幸福感で満たされるのです。

47

余計なことに首を突っ込まない

無用な悩みを
抱え込むべからず

○中途半端なお人好しになっていませんか

仕事でも家庭でも人間関係でも、人にはそれぞれ「役割」があります。それを認識したら、あとは自分のやるべきことをやるのみです。どういう手順で進めるかを決め、各プロセスに必要な準備と作業を把握し、効率的に進めることに専心しなければいけません。

本来、そこに精いっぱいのエネルギーを注ぎ込んだら、ほかのことに首を突っ込んでいる時間はないはずです。突っ込んだら最後、「ちょっと手伝って」と頼まれて断ることもできずに時間を取られてしまうなど、ろくなことにはならないでしょう。

ほかの人の仕事を手伝ってあげるのはよいことのようで、そうでもない。それで自分のやるべき仕事、役割がおろそかになってしまうようでは本末転倒ではありませんか。よほどのことがない限り、余計なことに首を突っ込むのはよしましょう。

中途半端にお人好しの人は、方々から「これ、手伝って。あれ、手伝って」と利用されがち。頼りにされているわけではなく、便利に利用されているだけなので、いちいち応じることはありません。

48

相手より「大人」になる

感情的にならない、
主観的にならない

○自分の考えが整理できていることが大切

いくつになっても、振る舞いの子どもっぽい人がいます。感情が顔に出やすかったり、人の話に耳を傾けなかったり、自分の意見をきちんと述べられなかったり、無責任だったりする人がそう。周囲は口に出さないまでも、「もっと大人になりなよ」と思っていることでしょう。

「大人」とは、その逆の態度を崩さない人を意味します。感情的にならない、人の話をよく聞く、自分の意見をきちんと述べる、そういう人です。

なぜ「大人」でいられるかというと、常に物事を客観的に見て、それに対する自分の考えが頭のなかで整理されているからです。整理されているからこそ、相手のいったことに対して無闇に反対することもなければ、調子を合わせて迎合することもなく、「自分はこう考える」とはっきりいえます。

コミュニケーションで大事なのは、互いに「大人」になること。そのためには、お互いが相手より「大人」でいることを心がけるくらいでちょうどいいでしょう。感情的に、主観的に話を進めるなど、非常に子どもっぽいことなのです。

49

まず、相手のいうことを肯定する

人の考えは
「十人十色」

○たとえ、自分の考えと違っていたとしても――

「十人十色」とはよくいったもので、自分と一〇〇%同じ考えを持つ人はいないのが当たり前です。それなのに、わずかの違いにも目くじらを立てるようだと、人間関係がとげとげしいものになってしまいます。

「そんなふうに考えるなんて、とんでもない。絶対におかしい」

「おかしいことがあるもんか。おかしいと考えるほうがおかしい」

というふうに、「なにくそ、なにくそ」と感情的になり、意地の張り合いになりかねません。物事が進まなくなってしまうのです。

そうならないよう、相手の話のなかに「違う」と思うことがあっても、即座に反応しないこと。とりあえず最後まで話を聞き、共感できる部分を探しましょう。違うといっても、一〇〇%違うことなどまずないのですから。そのうえで、こういうのです。

「この部分については、私も同じ。ただ残りの部分については、ちょっと違っていて、こう考えているんですよ」――と。このように「肯定」から入ると、少なくとも真っ向から対立することは避けられ、コミュニケーションがスムーズに進められます。

50

人との「違い」を面白がる

「上」とか、
「下」とか考えない

○「ここまで違うと笑ってしまう」という捉え方

幼いころから比較社会のなかで生きていると、〝比較グセ〟のようなものがついてしまいます。社会人になったら、その傾向はますます顕著になります。誰かと能力や実績、ポジションを比べては、上だの下だのと判断することが増えるのです。

だから、何事につけて比較してしまうのは、もうしょうがない。よしとしましょう。問題は、その次です。比較してわかったことを「優劣」で判断するのをやめて、面白がってみるのです。

「あの人のああいうところ、自分とは全然違う。ここまで違うと笑ってしまう。面白いもんだ」と、そんなふうに考えるのです。そうすると、自分自身にも他人にはないところがあって、面白いなぁと気づきます。

こうなれば、しめたもの。「みんな、個性があるからこそ、それを生かすことが大切だ」と思えてくるはずです。と同時に、誰かと比べては「自分のほうが上だ」と傲慢になったり、「下だ」と卑屈になったりすることもなくなります。「違いを楽しむ」ことは、人間関係をよりよくする知恵です。

51

噂を簡単に信じない

なぜ、人を見る目が
曇ってしまうのか

○事前の情報収集より大切なもの

初めて会う人は、どんな人かとても気になります。つい周囲の評判や噂を聞いてみたくなるものです。

ところが、この評判や噂ほど当てにならないものはありません。「とても気さくないい人ですよ」と聞いていたのに気難しかったり、「大変な堅物なので、うっかりしたことはいえませんよ」といわれてビクビクしていたら意外と話のわかる人だったり。変に先入観を持つと、その人を見る目が曇るので、やめたほうがいいでしょう。

そんな〝事前の情報収集〟より大事なのは、その人に相対する自分の心をきれいにしておくことです。ゆがみのないそのままの姿・様子を映す鏡のような心にしないといけません。心についた塵や埃《ほこり》を払い、曇りのないように磨き上げておけば、相手のあるがままの姿を映し取ることができます。

禅では「一掃除、二信心」といって、「最初にやるべきは掃除で、信心はそれがすんでからのこと」としています。部屋や庭を掃除することで、心もきれいになります。そういうきれいな心であればこその信心なのです。

52

自分を「主語」にして生きる

主体的な人生
をどう手に入れるか

○こんな「自問自答」がいい人生をつくる

自分の行動を振り返ると、自分が主語になっていない場合があるのではないでしょうか。「みんながやっているからやる」といった具合に、不特定多数の人たちの行動が動機になっていることがままあるのです。

それでは主体的に人生を生きることができません。他人の人生をトレースするように生きることになりかねないのです。

そんな人生はつまらないでしょう？

「私の」人生を生きたいなら、行動する前に自らにこんなふうに問いかけてみてください。

「それは本当に、自分がやりたいと思ったこと？　社会や人々の役に立つこと？」

「いっときの流行に流されて、やりたいと思ったのではないよね？」

「どこかで損得勘定をしていない？　いささかの私心もないよね？」

そうして心にけじめをつけることで、あなたの行動は真にあなたの思いどおりのものになります。誰のものでもない、自分の人生が手に入るのです。

53

「正しい道」を選択する

名経営者に学ぶ
「間違えない判断法」

○「真理」とは何か？

「真理」とは、どんな時代も変わることのない物事の正しい筋道を意味します。自分のやりたいことがその真理にかなったことであるならば、何も迷うことはありません。周囲が何といおうと、やり続ければいいのです。

もし周囲が「何か、とんでもないことを始めたぞ」と思ったとしても、必ず受け入れられるようになります。なぜなら、一〇年後、一〇〇年後もあなたのやっていることは真理、正しいことだからです。

たとえば京セラ創業者の稲盛和夫さんは、新しい事業を始めるときなどは決まって、このことを自問自答しているそうです。

「自分の利害だけでやろうと判断しているのではないか。そこに私心はないか。本当に世の中のためになるのか。人々のためになるのか。一〇年、一〇〇年たっても、みんなによかったといわれることなのか」と。

そうして自分のなかで「よし、大丈夫」という答えが出て初めて、「やろう」と判断・行動するといいます。見習いたいですね。

54

つまらないこだわりを捨てる

人間関係に
疲れたときは——

○小さなことが気にならなくなる話

もしあなたがやたらと人と比べて優劣を判断したり、人の評価を気にして行動したりしているとしたら、「人間が小さい」といわざるをえません。なぜなら私たち人間は自然の一部であり、気にかけるべきは大自然だからです。

ですから、禅では「人間は大自然の営みに寄り添いながら、生きていこう。世の中の真理とともに生きていこう」と教えます。西洋とはもっとも異なるところです。

たとえば西洋では、農業は「土地を大規模に造成して、機械化して収穫を増やす」ことを目指します。ところが東洋では、「地球もしくは自然、大地にとって、何万年も続いてきた営みを人の手で変えるのは本当にいいことなのか」と考えます。いいわけはありません。それで地形に合わせて棚田をつくったり、川の流れを少しいじって用水路を引いたり。できるだけ自然に寄り添いながら、人間の命を養うだけの作物をつくります。「自然との共存共栄をはかる」という発想がベースにあるのです。

すばらしい考え方ではありませんか。人間関係に疲れたら、ぜひ自然に目を向けてみてください。心が広く豊かになって、つまらないこだわりが消えていくはずです。

55 しょせん人は、わかり合えない

あらゆる人間関係の
大前提

○夫婦でも六五％わかり合えたら御の字

「長年連れ添ってきた夫婦なのに、主人（女房）はちっともわかってくれない」

そんな愚痴をよく聞きます。夫婦で過ごした時間が長ければ、それだけ互いの理解も深まるはずだと思うから腹も立つのでしょう。そんな夫婦に私はこう伝えます。

「わかってくれなくて当たり前なんですよ。あなただって連れ合いのことなど、ちっともわかってないでしょう。結婚するまで二〇年、三〇年、お二人はまったく違う生活をしてきましたね。ある日突然、一緒になって、一〇〇％わかり合えるなんてありえません。六五％わかり合えれば御の字でしょう。それにお二人には違う点が多々ありますから、無理して合わせなくていいんですよ。共有できる価値観や趣味があるなら、それを大事にして、理解できない部分は放置しておけばいいんです」

友人関係や職場の人間関係だって、同じこと。わかり合おうと思えば思うほど、どちらかが無理して合わせることになるので、やめたほうがいいでしょう。「わかり合えなくて当たり前」という前提を持てば、わかり合えないときのショックは少なく、わかり合えたときの喜びは倍増します。

56

与えた恩は水に流す

見返りを求めない
と人生はうまくいく

○してあげたことは「その場で忘れる」

「あんなに力になってやったのに、こちらが困っているときは知らんぷりかい」

「日ごろからあれほど世話してやってるんだから、少しくらい便宜をはかってくれてもいいんじゃないの？」

自分がしてあげたことの見返りが得られないと、こういう不満が生じて、人間関係のゴタゴタを招くことは多いものです。

なんだかさもしいではありませんか。親切やお世話は本来、自分がしてあげたくてするもの。見返りを期待すること自体が間違っています。

最初から期待していなければ、「見返りを得られない苛立ち」を感じることはなくなります。

それに、もしお返ししてもらえれば、サプライズでプレゼントをいただいたような喜びも得られます。

「与えた恩は水に流せ」

といわれるように、何か人にしてあげたら、その場で忘れるのが一番です。

57

受けた恩は石に刻む

それが、人と
いいご縁をつくる

○たとえば、お礼は「すぐに」する

前項とは逆に、困っているときに助けてもらったり、いい助言をもらったり、恩を受けた側の場合、その場で忘れるなど言語道断です。「与えた恩は水に流せ」という言葉には、じつは「受けた恩は石に刻み」という前段があるのです。

お返しのないことを不満に感じるなら、なおさらのこと、「人の振り見てわが振り直せ」で、自分は恩を返そうと思わなくてはいけません。

たとえば、恩を受けたら、すぐにお礼の言葉を返すこと。そして「何かのときに相手の力になろう」と思うことです。それが人とのご縁を大切にすることにつながるのです。

お礼の言葉には「旬」というものがあるので、「すぐに」返すのがとても大切。「次にお会いしたときに」などと悠長に構えず、その場が無理なら、電話でもメールでもいいですから、とにかく早い時期に感謝の気持ちだけは伝えるようにしましょう。

下手に時間を置いてしまうと、うっかりお礼をいうのを忘れてしまうか、タイミングが間抜けになるかで、不義理をすることになってしまいます。

58

他人の価値観を尊重する

「受け入れる力」
を身につけよう

○他人からはガラクタにしか見えないモノも……

大事にしているコト・モノは、人によって異なります。他人にはどうでもいいコトに強いこだわりを持つ人もいれば、他人にはガラクタにしか見えないモノを宝物にしている人もいます。そういった価値観の違いは、尊重し合うべきものです。

ところが世の中には、他人の価値観を認めない人がいます。自分の価値観こそが正しいとばかりに、他人が大切にしているコト・モノを否定してかかるのです。

たとえば、「すごくためになるセミナーなのに、どうして出席しないの？　ほかに約束があるって、これより大事なものはないでしょ。出席は強制ではないけど、プライベートの約束を優先するなんて、信じられないよ」とか、「いまどき、万年筆なんか使ってる人、いないよ。え、亡くなったお父さんの形見？　ふーん、でもしまっておけばいいんじゃない？」といった感じで、人を小馬鹿にしたようなものいいをするのです。

いわれたほうはとても傷つきます。どんなコト・モノであれ、それを大切に思う気持ちは尊いもの。自分の価値観と同様、他人の価値観も受け入れ、尊重しましょう。

59 去る者は決して追わない

縁があれば
必ずまた会える

○「金の切れ目が縁の切れ目」も一面で真理

「縁は異なもの味なもの」ではないですが、男女の縁に限らず、人との出会いには不思議なことがたくさんあります。いや、不思議なつながりしかないといってもいい。

たとえば「あのとき、電車が遅れなければ、あの人と出会わなかった」「あのとき、あのイベントに参加しなければ、あの人と出会わなかった」「あのとき、失業していなければ、いまの会社の上司に出会うこともなかった」など、出会いはほとんどが「たまたま」のもの。「奇跡的な必然」ともいうべきものです。

仏教ではそれを「縁が働いている」といいます。人生においてすれ違う無数の人たちのなかで、特別な人とだけ結ばれる「縁」というものがあるのです。つき合いが途絶えてしまうのは、その「縁」が切れただけのこと。場合によっては復活することもあるし、どういうわけか切れない「腐れ縁」みたいなものもあります。

縁は人為的にコントロールできるものではないので、縁が切れたからといって大騒ぎする必要はありません。流れに任せて、「去る者は追わず」と見送ればいいのです。

たとえ「金の切れ目が縁の切れ目」となっても、それもまた縁のなせるわざなのです。

60

「ご縁」を最優先する

それが、仕事を
うまく回す秘訣

○私の「優先順位」のつけ方

「やりたい！」と思う仕事の依頼があっても、スケジュールが立て込んでいて、それに取り組む余裕がないこともあるでしょう。逆に「儲からない」とか「面白くなさそう」といった理由であんまりやりたくない仕事でも、諸事情によって引き受けることもあるでしょう。

このように、「仕事を選ぶ」というのは、なかなか難しいものなのです。

私自身はよほどの理由がない限り、仕事を選びません。ご依頼をいただいた順番に、ご縁に従ってお引き受けすることにしています。どんなに心が動く仕事でも、スケジュールが合わなければ、ご縁がなかったということ。相手がそのスケジュールを融通してくださるのなら、ご縁があるということ。そう捉えています。

ご縁に逆らって無理して引き受けると、結局、仕事がずさんになったり、締め切りを守れなかったりで、方々に迷惑をかけることにもなります。ご縁のある仕事は気持ちよく引き受け、そうでない仕事はどんなに条件がよく、やりがいもあって、実入りのいいものであってもお断りする。それを基本とすれば、仕事はうまく回ります。

4章

ささいなことで、怒らない

――心をすり減らさないためのコツ

61

「怒りの渦」に巻き込まれない

判断や行動を
狂わせる元凶

○やはり「怒ったら負け」なのです

先ごろ、全米オープン・女子シングルス決勝で、大坂なおみ選手が元世界ランキング一位のセリーナ・ウィリアムズ選手にストレート勝ち、という快挙を遂げました。日本国籍の選手では史上初のグランドスラム優勝でした。

ただ残念なことがありました。セリーナが審判から三度、警告を受けたのです。一度目はコーチが試合中に禁じられているコーチングを行なったこと、二度目はラケットを壊したこと、三度目は主審に暴言を吐いたことです。審判の判断とセリーナの行為に関する是非はともかく、私はこう感じました。

「やはり、怒ったら負けだな」と。

セリーナが怒りの抗議をしている最中、大坂選手は背中を向けて見ないようにしていました。見たら最後、セリーナ・ウィリアムズ選手の怒りに巻き込まれて、自分の心が動揺すると思ったのかもしれません。感情的になれば、冷静に試合運びができませんからね。あなたのまわりにも「すぐに怒る人」がいるかもしれませんが、一緒になってカッとしないよう注意しましょう。ろくなことにはなりません。

62

相手を変えようとしない

なぜ、怒りは
むなしいのか

○思いどおりになるのは「自分」だけ

人はどういうときに怒るのでしょうか？

一番多いのは、自分の思うように相手が動かない、または物事が運ばないときでしょう。ちょっと冷静になって、わが身を振り返ってみてください。

怒りを爆発させることで、事態は好転しましたか？

怒りをぶつけた相手は、自分の思いどおりに動くようになりましたか？　おそらく答えは「ＮＯ」でしょう。

誰かが怒れば、その場が凍りつきます。みんなが気まずくなって、うまくいくこともいかなくなります。

また怒れば相手もいうことを聞くかもしれませんが、それはその場しのぎでおとなしくなるだけのこと。相手の性格や言動まで変えるのは無理です。

こんなふうに、怒っても何もいいことはありません。「自分の思いどおりに人を動かす」ことは不可能であり、その不可能が可能にならないと怒ること自体がむなしいことだと知りましょう。それが自分の心をコントロールすることなのです。

63

人に期待しすぎない

仕事ができる
リーダーの心得

○大切なのは、相手に持てる力を発揮させること

Aさんと Bさん、二人の部下がいたとしましょう。Aさんは「非常に仕事が速いが、一〇〇個のうち五個くらいは間違える」タイプ。Bさんは「Aさんより三割方ペースは落ちるが、一〇〇個のうち間違いが一個あるかないか」のタイプ。

この場合、Aさんに「ミスを減らしてほしい」と期待するのは間違い。同様に、Bさんに「処理スピードを上げてほしい」と期待するのも間違い。二人のいいところが生かせるように仕事を与えるのがベストです。

たとえばAさんには急ぎの仕事を与え、「どんどんスピードを上げて処理してくれ」と指示し、誰かがミスをチェックするような体制にする。Bさんには締め切りに余裕のある仕事を与え、「ゆっくり、慎重に、ミスなく仕上げてくれ」と指示する。そんなふうにすれば、AさんもBさんも持てる力を発揮し、成果を出してくれるはずです。

まずいのは〝期待のしどころ〟を間違えてしまうこと。結果が出ない場合は、「裏切られた」と怒るのではなく、自分の期待のしどころが間違っていなかったかを考えてみるといいでしょう。

64

被害者意識を消し去る

「理不尽だ」と
思ったときは――

○それは、ご縁があって回ってきた仕事

たとえば「あんなつまらない仕事、誰がやるのかな」と思っていたら、自分のところに回ってきたとします。それは面白くないでしょう。心のなかで舌打ちしながら、こんなふうに上司に毒づくのではないでしょうか。

「なんで私なんだ？　あいつとか、あいつにやらせればいいじゃないか。ふざけるな」

誰しも、自分のことは多少買いかぶっているので、あまりにも簡単な仕事や頭を使わずともできる単純作業などが回ってくると、自分はその任にないと思ってしまう部分があります。

それが高じると、自分が理不尽な扱いを受けたような気になってきて、被害者意識が頭をもたげてきます。これが怒りの原因にもなるわけです。

ですけれども、どんなにジタバタしようが、自分に回ってきた仕事はやるしかありません。「ご縁があって回ってきた仕事」と割り切り、「私にしかできない方法でやろう」と考えたほうがいい。その瞬間、「つまらない仕事」は「面白い仕事」に変わり、被害者意識も消えていくと思います。

65

失敗も欠点も愛する

「完璧主義」に
一利なし

○私たちはロボットではない

世に「完璧主義」といわれる人たちがいます。彼らは自分にも他人にも完璧を求めます。わずかでも欠点があることが許せなくて、それが「なぜ完璧にできないんだ」という怒りを呼ぶ場合すらあります。

それはある意味、未熟な考え方です。完璧にやることなら、ロボットとかＡＩだってできます。つまり「完璧」は、自分の考えも思いも投影されない、ただ正確さだけを求める機械の世界で実現・称賛されるものなのです。

もとより人間は機械ではありません。完璧にやることよりも、そこを超えた「不完全ゆえに人間らしいもの」をつくっていくことにこそ、力を発揮するべきでしょう。

実際、科学の世界では、実験で失敗したことが大発見につながった、なんて話をよく聞きます。また人間性の部分でも、うっかりミスや欠点が愛すべき人間らしい魅力につながる場合もあります。

何事も「ミスなく」を目指すのも大切なことですが、そうではないところにこぼれる人間性にも目を向けましょう。完璧を目指すゆえの怒りも緩和されます。

66

怒りの矛先を間違えない

弱い犬ほど
よく吠える

○怒ると知恵が浮かばなくなる

たとえば電車が遅延したとき。必ずといっていいほど、駅員さんをつかまえて怒鳴り散らしている人を見かけます。その駅員さんが悪いわけではなく、何かしら事故が起きて電車が遅れたのですから、怒鳴ってもしょうがないのに怒鳴るのです。

大勢の人に迷惑をかけたとしても、事情があってのこと。弱い立場の人に怒りの矛先を向けるのは卑怯なことではないでしょうか。

こういう人は強い立場の人にはおとなしいものです。相手が怒りをぶつけてもいい返してこない、謝るしかない、弱い立場の人だから噛みつくのです。

俗に「弱い犬ほどよく吠える」といわれるように、自分より立場の弱い人を見つけては怒鳴り散らすような人は〝弱い犬〟なのです。近年増え続ける「クレーマー」と呼ばれる人たちも、多くは〝弱い犬〟。「文句はいった者勝ちだ」などと思って、真似しないようにしてください。

どんなに困ったことになろうと、しょうがないものはしょうがない。怒ると、その困難をクリアする知恵が浮かばなくなるのです。

67

相手の事情を思いやる

頭にのぼった血を
スッと下ろすコツ

○「同事」の精神で怒りをコントロールする

部下が遅刻をしたり、締め切りを守れなかったり、不注意からつまらないミスをしたり、指示したことを忘れたりすると、上司としては頭に血がのぼります。

そういう場合は厳しく叱ったほうがいい。ただ頭ごなしに怒るのは感心しません。ちょっと「何か事情があるんだろうな」と思いやってあげる。それだけでも頭にのぼった血がスッと下りていきます。そのうえで事情を聞いてあげるといいでしょう。

「君らしくないね。何か事情があるのか？」というように。

そうして一通りの事情を聞いたら、落ち着いて諭《さと》してあげるのみです。たとえば、

「事情はわかった。でも『はい、そうですか』とはいかないよ。わかってるね」

「君、それは事情ではなくて言い訳だよ。次からは気をつけてくれ」

「そういう事情ならしょうがない。大変だが、気持ちを切り替えて頑張ってくれ」

などなど、落ち着いて話すことがポイントです。人が何かミスをするときは必ず事情があるものです。怒る前にその事情を汲んであげることは、相手の立場で考えてみること。仏教でいう「同事」の精神です。大切にしてください。

68

カッとしたら、その場を去る

ケンカは
「逃げるが勝ち」

○「いわなきゃよかった」と後悔しないために

人間ですから、カッとなることはあります。それはしょうがない。ですが、怒りの感情が湧いてくるのに任せて、言葉を発するのはやめたほうがいい。なぜなら、そういう言葉は往々にして、あとになって、

「あー、いわなきゃよかった」

と後悔することになるからです。

怒りが言葉になって表に出ていくと、もう引っ込みがつきません。自分の頭のなかでは怒りがどんどんエスカレートするし、相手も同じように言葉を返しながら怒りをエスカレートさせていきます。

そうして怒りの言葉の応酬になって、お互いにイヤな気持ちになるのです。

面と向かってだと、怒りを飲み込むのが難しいので、そういうときはその場を去りましょう。「逃げるのか」といわれてもいいではありませんか。相手だって、こっちが逃げたほうが助かるのですから。

カッとなったら、その場から逃げるのが勝ち。恥に思うことはありません。

69

人格を円くする

人間にとって
成熟とは何か

○イラッとしたら落ち着く言葉を三回唱える

昔は怒りっぽい人のことを「瞬間湯沸かし器」と冷かしたものです。若い方はご存じないと思いますが、スイッチを押したり給湯栓をひねると同時にガスが点火し、瞬時にお湯が出てくる器具がありました。いや、家庭によってはいまも使われています。それをすぐに頭から湯気を立てるようにして怒る人にたとえたのでしょう。

それはさておき、禅は「怒りを頭に上げずに、お腹に収めておきなさい」と教えています。これができれば、怒りが静まって、気持ちが落ち着くのです。そのためには「間」を稼ぐことがポイントになります。

まず深呼吸をして、心を落ち着かせる言葉を三回唱えてみてください。たとえば「ありがとさん、ありがとさん、ありがとさん」でもいいですし、「気長に、気長に、気長に」でも、「冷静に、冷静に、冷静に」でも、なんでもけっこう。必ずや、怒りがお腹の辺りで止まります。これを習慣づければ、すぐに怒りっぽさも克服できます。年齢を重ねるにつれて、怒りっぽさがつくる〝人格の角〟を取って、円く、円くを心がける。いつも穏やかでいることは人間的成熟度の高い証です。

70

ケンカは売らない、買わない

SNSには
危険がいっぱい

○不用意な発言は〝命取り〟になる

ネット社会の進展とともに、ほんの少し前なら「失言でした、ごめんなさい」「いいすぎました、ごめんなさい」「考えが足りず、誤解させるようなことをいってしまいました、ごめんなさい」ですんだことが、いまはそうはいきません。

たとえば自分の言動が、誰かをカチンとさせたとします。その誰かが「あんないい方はないいんじゃない？」などとつぶやいたら最後、たちまち「そうだ、そうだ」と自分の言動に対する怒りが拡散されてしまいます。それに対して反発すれば、なおさら誹謗中傷が増えて、収拾がつかなくなるのです。「炎上」ですね。それだけ「怒りを発信しやすい時代になった」という見方もできます。

なにしろ誰かに不用意な発言をさせようと、虎視眈々《こしたんたん》と狙っている人やら、わざと怒らせてドツボにはまるよう仕掛ける人やら、SNSの世界は危険がいっぱい。

もし自分の発言をめぐってバッシングが起きたら、すみやかに〝退場〟したほうがいい。間違っても〝怒りの誘い〟に乗って、言葉を返してはダメ。「ケンカは売らない、買わない」を鉄則に危険ゾーンに入らないよう気をつけましょう。

71

疲れている人は怒りっぽい

「体」と「心」の
方程式

○イライラしたら体調をチェック

体調が悪いから、気持ちが優れないのか。気分がよくないから、体調を崩すのか。後先があるわけではなく、体と心は一つ。どちらかが調子を崩せば、もう一方も具合が悪くなってしまうものなのです。

だから人間は、体が疲れていたり、お腹が空いたりしていると、非常に怒りっぽくなります。この〝体と心の方程式〟を逆手に取ると、怒りの感情をある程度コントロールすることが可能になります。

「なんだか最近、言葉にトゲがあるな。イライラしてるな」と思うなら、心だけでなく体にも変調がある可能性が大です。疲れていないか、悪いところはないかをチェックするといいでしょう。

また「疲れが抜けない」「胃がもたれる」「眠れない」「血圧が高い」など、体調に変化が認められたなら、心も相当参っている可能性が大。ストレスを減らすよう努めましょう。このように体と心を管理することがじつは、怒りっぽさやイライラをコントロールすることにもつながるのです。

72

やっかいな人は相手にしない

相手と「同じ土俵」
に立つべからず

○戦わずして勝つのが一番

相撲では、二人の力士が同じ土俵に立って初めて、取り組みが成立します。当たり前ですが、どちらかが別の土俵にいたら、相撲にはなりません。

争い事はみんな、同じ。怒っている人がいた場合、その土俵に上がるから、争いになってしまうのです。

そういうときはどんなに「カモン、カモン」と挑発されても、「同じ土俵に立つ」ことのないように。離れたところにある別の土俵に立ち、カッカと怒っている人をのんびり黙ってながめていればいいのです。

「あんなに怒っちゃって、気の毒な人だなぁ。かわいそうにな」

と憐《あわ》れみながら。

怒っている人も戦う相手がいないとなれば、怒り続けることはできません。「黙ってないで、なんとかいえ、腰抜けめ！」などと暴言を吐くかもしれませんが、やがてすごすごと土俵を降りるしかなくなります。うまくいけば「怒りがいがない」と、以後は怒りをぶつけられることもなくなるかもしれません。

73

怒りを人知れず吐き出す

ボイスメモや
日記を活用する

○怒りのガス抜きになる〝堪忍袋〟を持つ

「堪忍袋」という落語があります。長屋に住む大工の熊五郎夫婦はケンカが絶えず、それを見かねた出入り先のだんなが仲裁に入り知恵を授けました。

「袋を一つ縫って、それを堪忍袋とし、そこにお互い不満を怒鳴り込ませて、ヒモ（堪忍袋の緒）をしっかり締めておきなさい」

その堪忍袋のおかげで熊五郎夫婦は気持ちがさっぱり。これは夫婦円満の秘訣になると評判になり……というお話です。

これは怒りを収めるのにいい方法ではないでしょうか。現代ならさしずめ、スマホが〝堪忍袋〟として使えそう。何か頭に来たことがあったら、ボイスメモにワーッとぶちまけるとか、メモに打ちまくるとかすると、かなり気分がすっきりしそうです。もちろん日記帳に手書きで書き殴る、という方法もありです。

怒りは直接相手にぶつけるから争いになるもの。人知れずどこかに吐き出す分には〝無害〟です。怒りを溜めて気分が悪くなることもなく、上手に〝怒りのガス抜き〟ができます。ただし溜まった怒りの〝捨て場所〟だけは気をつけてくださいね。

74

なるべく「性善説」で考える

そのほうが、
人生はラクになる

○「疑心暗鬼」で生きていくのは疲れる

中国の古典思想に「性善説」「性悪説」という、相反する二つの考え方があります。「性善説」は人間の本性は善であり、義を貴ぶとする、孟子《もうし》が唱えた説です。一方、「性悪説」は、人間には欲望があるゆえに本性は悪であり、だからこそ礼節による秩序を重んじなければならないとする、荀子《じゅんし》の説です。

禅ではそもそも物事を二元的に捉えないので、善も悪もないのですが、前提にある考えがあります。それは、

「人間はみんな、いいことをするために生まれてきた。だから自分のためはもとより、世のため人のために役立てることに幸せを感じる」

というもの。どちらかというと、「性善説」に近いでしょうか。

両説の是非はともかく、人間関係をスムーズにするためにはやはり、疑心暗鬼になって人の悪いところを探し出そうとするよりは、いい面に目を向けて信頼するほうがいいと思いますね。疑えば心はささくれだち、信じれば心は穏やかに保たれる。その一点だけでもラクに生きられると思います。

75

人の「美点」を探す

「人の上に立つ人」
に大事な視点

○「一切衆生《いっさいしゅじょう》　悉有仏性《しつうぶっしょう》」という教え

右の禅語は、「生きとし生けるもの、ひいては森羅万象のすべてに、「仏性」が宿っている」という意味です。少々難しいでしょうか。

たとえば呼吸にしろ、血液の流れにしろ、内臓の働きにしろ、人間は自分の体を意識的にコントロールすることはできませんね。そこに働いているのは、大いなる宇宙の真理です。その大いなる宇宙の真理こそが仏性であり、私たちはみんなそれによって「生かされている」ということです。

つまり、私たちは本来、等しく「仏さまの心」を持った存在なのです。そこに気づけば、出会う人すべてが「いい人なんだ」と思えてくるはず。そうすると、ふとしたときにやさしさや思いやり、温かさ、大らかさなど、いままで気づかなかったその人の美点に気づくことができます。

あとは美点をどんどん伸ばしてあげるだけ。とくにポジションが上がるにつれて、部下の強みを引き出してあげることはとても重要な仕事になります。若いうちから、人に会ったら〝あら探し〟よりも〝美点探し〟をすることを習慣づけるといいでしょう。

76

怒りをケロリと忘れる

まるで何事も
なかったかのように

○「いま怒った烏《からす》がもう笑う」精神で

子どもの感情が変わりやすいことをたとえて、「いま泣いた烏がもう笑う」といいます。あまりいいことには使われないようですが、仏教的には「すばらしい！」と絶賛したいくらいです。というのも、世の中のすべてのことは「常ならず」。いまの状況がどんどん過去になって流れていくのが当たり前だからです。

つまり「いま怒った」ことが、次の瞬間には過去になる。その流れに任せて、怒りの感情はきれいさっぱり過去に変え、いまを笑って生きることに力を注いだほうがいい、という考え方です。

きれいさっぱり忘れるコツは、とにかく短時間で怒るだけ怒ること。前に「悲しみ、苦しみと一味になる」ことを述べたように、怒りの感情も「怒りと一味」になることで、感情を上手に切り替えることができるのです。

また怒りは、できれば誰かにぶつけないほうがいいのですが、ぶつけてしまったらしょうがない。すぐにケロリとして、何事もなかったかのように振る舞ってください。相手も拍子抜けして、恨みに思われることもないでしょう。

77

姿勢と呼吸を整える

ポイントは
「調身・調息・調心」

○感情の揺れの少ない心をつくる

気持ちが後ろ向きになると、どうしても前屈みになります。また怒りや苦しみ、悲しみなど、感情の揺れが激しいときは、呼吸が乱れます。

これは逆にいえば、姿勢と呼吸で感情の揺れをコントロールできる、ということです。禅では「調身・調息・調心」といって、坐禅によって姿勢と呼吸と心を整えることを重視しています。

まずは、横から見て背骨がS字を描き、尾てい骨と頭のてっぺんが一直線になるよう、姿勢を正してください。これが「調身」。

次に、ゆっくりとした呼吸を意識しましょう。仕事中はどうしても一分間に七～八回の浅い呼吸になってしまうので、これを三～四回程度にします。これが「調息」。

そして、「調身」「調息」がうまくいけば、心も自然と整います。「調心」の状態を得ることができるのです。

できれば朝、難しければ夜に坐禅をする時間を持つといいでしょう。余計なことに心を煩《わずら》わせることが少なくなります。

78

大きな声を出してみる

「お腹の底から
心をきれいにする」

○イヤな感情を溜め込まないために

「腸は第二の脳」とも呼ばれます。お腹の状態は「考える」「感じる」ことと密接に関係している、ということです。昔の人はそれがわかっていたのでしょう。たとえば怒ることを「腹が立つ」、心根が悪いことを「腹が黒い」、覚悟を決めることを「腹が据わる」、度量が大きいことを「腹が太い」、よからぬ企《たくら》みのあることを「腹に一物」など、感情を「腹」に結びつけた言い回しがたくさんあります。

怒りを始めとする負の感情は、だからお腹に溜めないのが一番です。そのためにもお腹の底から声を出すことをおすすめします。

私たち僧侶は日常的に大きな声を出してお経をあげます。それが心を無にすることに少なからず関係しているように思えます。加えて、呼吸が深くなるので、血流がよくなり、全身の細胞が活性化され、頭の回転が速くなる、という効果もあるようです。

このように、大きな声を出すことは心身にとって、非常にいいこと。みなさんも日ごろから機会を見つけては好きな言葉を声に出したり、カラオケで歌ったりして、楽しみながら〝心の掃除〟をしてみてはいかがでしょうか。

79

「よく笑う人」になる

「上機嫌」にまさる
人生のコツはない

○笑顔には〝人の花〟が咲く

いつも柔らかな笑顔を浮かべている人には、自然と人が集まってきます。逆に、いつも眉間にシワを寄せている人には誰も寄りつきません。

笑顔は円満な人間関係をつくるのです。

そんなふうにいうと、「ゴキゲンでもないし、面白いこともないのに、バカみたいに笑っていられないよ」と反発する人がいるかもしれません。

何をいってるんですか。人は「面白いことがあるから笑う」とは限りません。「つまらなくても、笑っているうちに面白くなってくる」ことが往々にしてあるのです。だから「笑う」ことが大切なのです。

禅では、人間関係で「和顔愛語《わげんあいご》」を心がけることの大切さを説いています。「和顔」は柔らかな笑顔、「愛語」は慈しみのある言葉を意味します。いつも柔らかな笑顔を浮かべている人は、その笑顔で人を引き寄せます。相手の気持ちを思いやって発する言葉は、人の心をほぐします。笑顔には〝人の花〟が咲く、ということです。

意識して笑顔をつくりましょう。いつも上機嫌でいられます。

5章

いつまでも、クヨクヨしない

――落ち込んでもいい、でも早く立ち直ろう

80

心配事の九割は起こらない

明日のことは
明日考える

○不安や悩みの〝先取り〟はやめよう

先を読んで行動することは大切です。これから先のなりゆきを推測することでより的確に行動が取れるようになりますし、失敗するリスクを低減することも可能です。

ただし、いたずらに不安が増大するような心配の仕方はいけません。しょせん先のことなどわかりようがないのですから、「こうなったら、どうしよう」「ああなったら、どうしよう」と心配してもむなしいばかりです。

「先のことは先のこと。まずいことになったときにどうするかを考えればいい」くらいの気持ちで構えていればいいのです。

それに実際問題、「心配事の九割は起こらない」もの。心配するだけ損なのです。心配している間中、心のなかはザワザワして、行動力も奪われますからね。

先のことを考える目的は、心配することではなく、いまの行動を決めること。「こうなったら大変だから、いまこれをやっておく」「こう物事が動いていくのが望ましいから、いまこれをやっておく」というふうに、とにかく行動することで、心から心配や不安を追い出してしまうのが正しい心配の仕方です。

81

不安を「妄想」しない

人生には
「いま」しかない

○心に棲みついて離れないものはすべて「妄想」

先のことを心配するのと同様、過ぎたことを悔やむのも「妄想」です。なぜなら「ああすればよかった」「あんなことをしなければよかった」といくら思ったところで、現実に過去をやり直すのは不可能だからです。

将来への不安も過去への悔恨も、実体のない思い。つまりは「妄想」にすぎないのです。そんなものに自縄自縛されて自由に行動できないとしたら、それほどばかげたことはありません。

禅では、心を縛るもの、心に棲みついて離れないものはすべて、「妄想」とします。そして「莫妄想《まくもうぞう》」――「妄想するなかれ」と説いています。

私たちができるのは、不安に思っていることが現実にならないように、あるいは過去の失敗を糧に成長していくために、いまの仕事に集中することだけです。いま、頑張るしかないのです。

いまに没頭すれば、不安や後悔に悩んでいる暇もなくなります。とにかく行動して、なんの役にも立たない「妄想」をどこかへ追いやってしまうことが一番なのです。

82

「無常」を深く受け入れる

いいことも、
悪いことも続かない

○「変化」の流れに身を任せて生きる

うまくいっているときは「この状況がずっと続くといいな」と思います。いや、願望ではなく信じ込んでいる場合もあるでしょう。逆にうまくいっていないときは「この状況がずっと続いたらどうしよう」「もう変わりっこないよね」と考えがちです。人間はそのくらい、いいときも悪いときも「変化」を受け入れるのが苦手のようです。

しかし間違っています。世の中のもの、起こることのすべては、刻々と変化しています。仏教ではこれを「諸行無常」といって、根本思想の一つにしています。波が岸に打ち寄せるごとく、日々刻々と世の中は変わる。人間を始めとする生きとし生けるものすべても年を重ねながら変わっていく。その〝無常の流れ〟に逆らってもがくより、流れのままに身を任せて生きることの大切さを説いています。

折に触れて「無常、無常、諸行無常。すべてのことは常ならず」とつぶやいてみてください。よくない状況のときは「そのうちよくなるさ」と気持ちが軽くなるし、よいときは「有頂天になっちゃいけない」と気持ちが引き締まります。そうして人生は必ずいい方向に向かっていくはずです。

83

人はみな、平等に苦しい

人生は「四苦八苦」
に巡り合う旅

○人生がままならないのは誰も同じ

一切皆苦《いっさいかいく》――人生はままならないものです。どんなに大きな成功を収めた人も、名声を得た人も、栄華を極めた人も、一人として思いどおりには生きられない。みんなに等しく「苦」が降りかかってくるのです。

第一に、人生には「生老病死」という「四苦」があります。私たちは生まれてくる時期も場所も親も選べません。だから生まれること自体が苦です。また生きるとはすなわち老いることですから、老いることの苦もあれば、やがて病気になることの苦、死んでしまうことの苦もあります。ここからは誰も逃れられないのです。

加えて「愛別離苦《あいべつりく》（愛する人やモノと別れる苦しみ）」「怨憎会苦《おんぞうえく》（会いたくない人と会わねばならぬ苦しみ）」「求不得苦《ぐふとくく》（求めるものが得られぬ苦しみ）」「五陰盛苦《ごうんじょうく》（肉体があるがゆえの苦しみ）」の四苦があります。合わせて「四苦八苦」。

人生を生きるとは、この「四苦八苦」に巡り合う旅。避けられない以上は、受け入れて生きていくしかありません。それによって逆に、気持ちがラクになるのです。

「自分だけではない。みんな、平等に苦しい」と思えば、心強くもありますよね。

84

病になってこそ気楽に生きる

たとえ「余命宣告」
されたとしても——

○生きることの「ありがたさ」を深く知る

苦しみに大きいも小さいもありませんが、「四苦」のなかでも「病」のダメージはかなりきついものでしょう。とりわけ健康に気を使っていた人は、ガンなどの深刻な病気が発見されると、「なんで私が」と理不尽な思いを強く持つことと思います。

しかしながら病気になってしまったのなら、病気とともに生きていくしかありません。そう割り切ったほうが、病気の進行が遅くなったり、治ったりする場合が多いとも聞きます。実際、ガンになって「イヤだ、イヤだ」と思っていると、ガン細胞の増殖が激しくなるそうです。ところが「もうしょうがない」と開き直り、好きなことをして穏やかに日々を過ごしていると、増殖スピードが緩くなるともいいます。

私の知り合いにも、ガンになり「あと三カ月」と余命宣告を受けた人がいます。そのおかげで生きていること、人と触れ合うこと、好きに行動できることのありがたさを再認識し、より一生懸命に生きるようになったこともあり、三年を経てなお命を長らえることができました。余命宣告を受けるようなことになっても、そういうこともあると思って、病とともに気楽に生きていくといいでしょう。

85

「いまの自分」に大満足する

“ないものねだり”は
地獄の苦しみ

○執着が強ければ強いほど幸福が遠ざかる

お釈迦さまはいいました。「執着の強い人は、ヒマラヤの山を黄金で埋めても、まだ満足しない」と。それくらい人間の欲望には際限がないもの。とくに金銭欲や物欲はふくらめばふくらむほど、心をかき乱すものになります。

そういった欲望をコントロールして、心の平穏を維持するには「小欲知足」という言葉を覚えておくといいでしょう。お釈迦さまがご臨終を迎える際の最後の教えとされる「遺教経《ゆいきょうぎょう》」という長いお経のなかに、こう書かれています。

「知足の人は地上に臥すといえども、なお安楽なりとす。不知足の者は、天堂に処すといえども、また意にかなわず。不知足の者は富めりといえどもしかし貧し」

つまり、「こうして生きていられること自体、ありがたいこと。いまのままで十分だ」と思っている人は、暮らしぶりがどうであろうとも心は豊かである。一方、「まだまだ満足できない」と思っている人は、どんなにぜいたくな暮らしをしていても心は貧しい。「もっと、もっと」という思いにかき乱され、いつまでたっても心は枯渇感でいっぱいで、幸福感が得られない。そういうことです。

86

コツコツ地道にやる

チャンスをつかむ人の共通点

○運でも実力でもなく準備不足がチャンスを逃す

大きな仕事がどんどん舞い込んだり、とんとん拍子に地位を上げたりしている人や会社は、単に運がよくてチャンスに恵まれているのでしょうか。

いえいえ、運の良し悪しは関係ありません。しいていうなら、日々コツコツと努力を重ねているかどうかが、運という名のチャンスに恵まれるか否かの分かれ目です。

チャンスは誰にでも平等にやってきます。努力をしている人は、いつでもチャンスをつかまえる準備ができている状態。だから「いい話が来た！」というときに、すぐにつかまえて事を成し遂げることができます。そうして結果を出せば、次から次へと新しい、より高いレベルの、よりスケールの大きな仕事が舞い込んできます。

ところが、あまり努力をしない人は、せっかくチャンスが来ても準備不足ですから、「ちょっと勉強が足りない。経験が不足している」となって、そのチャンスをつかむことに二の足を踏まざるをえません。たとえチャンスに気づいて生かそうとしても、努力不足で結果が期待できないのです。結果を出したいなら、コツコツ努力するのみ。チャンスをつかむ準備が必要なのです。

87

結果をあせらない

努力が自然に
実るまで待つ

○"一発屋"で終わってしまうのは、こんな人

いまはたいていのことがネットで簡単に調べられます。ただ簡単に調べられることは、簡単に忘れてしまう。成功にも同じことがいえそうです。

たとえば車の営業で、「早く結果を出さねば」とあせると、手段を選ばなくなります。親戚や知り合いにお願いしまくったり、通常のセールスでもいいことばかりを並べ立てたりして、数字を上げることはできるでしょう。しかし残念ながら、そんな方法でトップセールスを取ったとしても、長続きはしません。

一方、結果をあせらない営業マンは、地道に顧客と信頼関係をつくりながら努力を続けます。紹介が紹介を呼んでトップセールスを記録するまでに、それなりの時間がかかるでしょう。そうやって得た信頼は、ちょっとやそっとのことで失いはしません。だからトップセールスの地位を長く維持することが可能になります。

現代社会はすぐに結果を欲しがる傾向がありますが、ゆめゆめあせってはいけません。結果は早く出すことよりも、多少時間がかかっても長く持続できることのほうが大切なのです。結果というのは必ず努力の先に出てくるものと信じて頑張りましょう。

88

「それって本当に困ること?」

人生、「ないと困るもの」
は意外と少ない

○この方法で、不要なものがどんどん消えていく

「困」という漢字は、「敷地の真ん中に木が生えている」状況を意味します。そうすると、建物を建てるときに困りますよね？

「困る」ことをそんなふうに理解すると、「それって、（なくなると）本当に困ることなの？」と自問することが大切だとわかります。

なぜなら私たち現代人は、非常に多くのモノ・コトを抱えているけれど、そのなかで「なくなると困る」ものなど、それほど多くないからです。

試しに、いろいろ自問してごらんなさい。たとえば仕事が忙しすぎるとき、「この仕事って、なくなると本当に困る？」と自問してみる。あるいは気の合わない人がいるとき、「この人って、つき合わないと本当に困る？」と自問してみる。欲しいものがあるとき、「これって、本当にないと困るもの？」と自問してみる。といった具合に。意外とないと困るものは少ないことに気づくと思います。そのうえで、なくても困らないものをどんどん手放していくと、気持ちがすっきりします。妙なこだわりが消えて、生きやすくなります。

89

答えを「外」に求めない

それは、すべて
あなたのなかにある

○判断に迷ったら「もう一人の自分」に尋ねる

たとえば「早寝早起き」の人が、日頃からお世話になっているバイト先の先輩から「明日の夜九時から一二時まで、私の代わりにシフトに入ってもらえないかな」と頼まれたとします。そのときに先輩への義理を重視して、いままでのライフスタイルを変えるのか。それとも早寝早起きは自分の生活の根幹にある習慣だから断るのか。判断に迷うところでしょう。ここで重要になってくるのが「自問自答」です。

相談相手は、自分のなかにいる「もう一人の自分」。いいかえれば、私欲も執着も損得勘定もない、まっさらな心を有した「本来の自己」。非常に頼りになるのです。

その「もう一人の自分」がどう答えるか。もし「生活パターンを崩すのはイヤだよね。先輩への義理は別の形で果たせるし、やっぱり夜のバイトは断ろう」というなら、それに従えばいい。逆に「自分にとって大事なのは、早寝早起きよりも先輩への義理だ」という声が聞こえてきたら、そうすればいい。いずれにせよ、自問自答によって自分を曲げて無理することがなくなります。「判断に迷ったら自問自答」と覚えておいてください。

90

よからぬ自分に「待て」をかける

そのための
坐禅のすすめ

○一日に一度、静かな時間をつくる

坐禅には心を落ち着かせる効果があることは前に述べたとおり。もう少し掘り下げて、坐禅とは何かを考えてみましょう。「坐禅」の「坐」の字には、「土」のうえに「人」が二つ乗っています。これは、現実を生きる自分と、本来の姿である「もう一人の自分」が対話しているさまを表わしています。つまり坐禅とは、〝二人の自分〟がどっしり坐って対峙して語り合うことを意味します。

人間というのは「こんなことをしてはいけないな」と頭でわかっていても、ついやってしまう生き物です。そんな自分に「待て」をかけるのが〝坐禅タイム〟。現実に生きる自分のよからぬ行動に、本来の自分がブレーキをかけてくれるのです。

現代人は忙しく、自問自答の時間を持てないのが現実でしょう。だからこそ一日に一度、意識的にそういう静かな時間を持つことが大切です。

人づき合いのなかでもっとも大事にするべきは「もう一人の自分」であることを心に刻みましょう。そうして「もう一人の自分」を味方につければ、迷いも悩みも晴れて、すがすがしい気持ちで人生を歩んでいけます。

91

あれこれ考える前に動く

そのほうが
物事はうまくいく

○「最初の一歩」をどう踏み出すか

たとえば原稿を書くとき、「どんなふうに書こうかなぁ」と考え始めると、最初の一行がなかなか書けません。ところが何も考えずに、とりあえず三、四行書いてみると、すらすらっとそのあとが書ける。そういうことがよくあります。

気持ちのどこかに「書き出しの文章はとくにかっこよく決めないと」という思いがあるからでしょうか。ただ迷って、迷って絞り出した文章より、まずは何も考えずに数行書いてみてから練り直した文章のほうが出来がいいように思います。

書くことに限らず、仕事でも日常でも、何かを始めるときはあれこれ損得勘定をせずに、まず行動してみることが大切です。

禅の考え方は「即行動」——。やるか、やらないかの二択ではなく、やるのみ。

行動する前に「これをやっても、労多くして益少なしだよねぇ。やめておこうか。でもやらないと、ダメなヤツだと思われるかなぁ」などと逡巡《しゅんじゅん》しないことを重視します。とにかく最初の一歩を踏み出し、状況を見て軌道修正しながらよい方向に持っていけばいいのです。

92

やると決めたら、半年はやる

「中途半端」が
一番よくない

○〝新しい情報〟に右往左往しない

ネットのなかは、まさに〝情報洪水〟。

ダイエット情報一つとっても、食事・運動・サプリメント・医療などのテーマごとに、じつに多くの情報があふれています。いろいろ調べるうちに、「あれもよさそう。これもよさそう」と目移りして、これと決めて行動に移せないことが多々あります。

加えて、選択肢が豊富にある分、ザッピングしながらテレビ番組を見るように、あれこれ手を出してはやめることを繰り返す例も少なくありません。すぐに結果が出ないと「これはダメ」と見切りをつけ、別のダイエット法に移る、という具合です。

どんな方法にせよ、ある程度の期間続けてみなければ、効果はなかなか出ないもの。辛抱が足りないといわざるをえません。

こういう時代だからこそ、自分である程度は情報をコントロールしないと、行動がついていかなくなります。「これだ!」と思う情報に出合ったら、とにかくもう脇目も振らず、それをやると決めてやり続ける。そうして少なくとも半年ほど続けてから、効果のあるなしを見極めるといいと思います。

93

どんどん〝処理〟する

「溜めないこと」
がとにかく大事

○「手つかず」の仕事がストレスのもと

ビジネスマンの多くが抱えているストレスに、「やらなければならない仕事が溜まっている」というものがあるのではないでしょうか。手つかずの仕事が増えれば増えるほど、「あれもやらなきゃ、これもやらなきゃ」とあせる時間が長くなり、ストレスも増えていきます。この種のストレスを軽減させるのは、けっこう簡単です。

仕事に向かう意識を、「あれもやらなきゃ、これもやらなきゃ」から、「あれもやった、これもやった」に変えればいいのです。

そのために有効なのが、やるべき仕事をすべて、締め切り付きでリストアップすることです。そうしておけば優先順位が明確になります。まず締め切りの近い仕事を片づける一方で、ちょっとした空き時間に日々のルーティーンをポンポン入れていく。さらにまとまった時間ができたら、遠い締め切りの仕事も前倒しで進める。そんなふうに進めていけばいいでしょう。一つ仕事を片づけるたびに線を引いて消すなどすると、〝やった感〟があって気持ちが盛り上がります。

仕事はとにかく溜めずに処理する、それだけでストレスはかなり軽減できます。

94

立派な人から薫陶を受ける

「薫習《くんじゅう》」という
禅の教え

○「あの人のようになりたい」と思うのなら――

「あの人のようになりたい」

多かれ少なかれ、そう思える立派な先輩や上司が社内外にいるのではないかと思います。それはとてもすばらしいこと。あこがれの気持ちは、対象となる人物の立ち居振る舞いを真似るという行動を呼び起こすからです。

仕事の進め方や接客のやり方、問題が起きたときの対応の仕方などから、言葉づかい、身だしなみ、顔つき、持ち物などに至るまで、まるで自分がその人になったかのように振る舞えたら最高ではありませんか。このことを禅語で「薫習」といいます。

もともとは、衣をしまうときに、防虫香というよい香りのするお香を畳紙に包んで入れておき、その香りを衣に染み込ませることを意味します。衣に香りがなくとも、お香から香りが自然と移って、次に着るときに気持ちがいいもの。言葉自体からいい香りが感じ取れる、美しい響きを持った禅語です。そういう香りの人なら、一緒にいて心地いいに決まっています。できるだけ間近にいて、よい感化を受け、自分自身を成長させていきましょう。

95

つらいときは、いっそ開き直る

人生は、いつでも
なるようになる

○生き方、死に方を良寛さんに倣おう

「災難に遭う時節には災難に遭うがよく候《そうろう》。死ぬる時節には死ぬがよく候。これはこれ災難を逃るる妙法にて候」

右は良寛さんの言葉です。ひらたくいえば「生きている限り、避けようのない事象はそのまま受け入れていくしかない」ということを表わしています。

そうはいっても「災難に遭いたくない。つらい思いはしたくない」、その気持ちはわかりますが、いくらジタバタしたところで、災難を避けることは不可能です。

もし思いも寄らぬことが自分に降りかかってきたときは、良寛さんのように、いっそ「どうにでもなれ」と開き直るのも一つの方法でしょう。

良寛さんは越後国（現在の新潟県）出雲崎の名主《なぬし》の子として生まれましたが、実家の仕事に向いていないこともあって、一八歳で突如出家。二二歳のときに生涯の師に出会い、一二年という長い間の修行を経て、諸国行脚の旅に出ました。生涯、寺も妻子も持たなかった良寛さんは、大変な苦労人だったからこそ、どんな災難も受け入れるだけの強さが養われたのかもしれませんね。

96

困難を笑い飛ばす

マイナス思考を
どう払拭するか

○笑いで心のモヤモヤをサッと晴らす

今度は一休さんのエピソードを一つ。それは、一休さんが八七歳で亡くなる直前のこと。弟子たちに「この先、どうしても困ったことが起きたら、この手紙を開けなさい」と一通の手紙を遺されたそうです。

その数年後、弟子たちが困り果てるような出来事があり、「そうだ、師が遺してくださった手紙を開けてみよう」となりました。そこに書かれていたのは、「心配するな、大丈夫、なんとかなる」の一言だったそうです。弟子たちはおそらく、拍子抜けしたことでしょう。やがて笑いがこみ上げてきたのではないか、その笑いとともに、心のモヤモヤは晴れ、落ち着いて問題に対処する余裕も生まれたのではないかと推察します。

さすが一休さん、悩みでいっぱいになった心を抱えていては、視野が狭くなり、結局は判断を誤っていい結果が得られないことがわかっておられる。

どんな困難に見舞われても、心配事が山ほどあろうとも、「なんとかなるさ」と笑ってしまえばいいのです。そこから現状を打開する道が開けます。

97

いい言葉を書き溜める

「名言」を
人生の応援歌に

○「言葉」一つで人生がガラリと好転することもある

本を読んだり、講演会に行ったり、人と話したりしているときに、すばらしい言葉に出合うことがよくあります。

「あのとき、あの言葉に力づけられた」

「あの一言がきっかけで、人生がガラリと好転した」

あなたにもそんな経験があるのでは？

言葉には人の気持ちを変え、現実の新たなシナリオをつくりだす力、つまり人生を左右するくらいの力があるのです。とくに名言は人生の応援歌にもなりうるものです。

それほどの〝魔力〟のある言葉に出合ったのに、「あー、いい言葉だなぁ」でおしまいにするのはあまりにももったいないではありませんか。

ぜひ、出合ったその場でスマホのメモ帳に記録しておくなり、リマインドしておくなりすることをおすすめします。もちろん〝書きっ放し〟では意味がないので、折に触れて読み返してみてください。その言葉に出合って触発されたことがよみがえり、改めて自分の気持ちを鼓舞することができます。

98

一ミリでも日々前進する

「昨日の自分」
はもう過去の人

○毎日が同じはずはない

私たち禅僧の修行は、毎日同じことの繰り返しのように見えるかもしれません。が、違います。同じ行をするなかでも、昨日できなかったことが今日できるようになったり、昨日気づかなかったことに今日気づいたりします。

この気づきが大きい。いろいろなことが学べます。それを数カ月、数年、数十年と積み重ねていくことで、人間としての円熟味が増していくのです。これがまさに「昨日今日不同（さくじつこんにちとおなじからず）」という禅の教えなのです。

年齢を重ねるにつれて、こういう気づきが得にくくなる部分はあるでしょう。「前にやったことのある仕事」が増えていき、「今日、いまこの瞬間の感じ方」に目を向けなくなってしまうからです。それでは「毎日判で押したように、同じことの繰り返しばかり。気づいたら一〇年、二〇年たっていた」ということになりかねません。

現状に安住せず、新しいことに興味を持ち挑戦してみたり、いままでとは違う方法で仕事に取り組んでみたりすることが大切です。それが成長の糧になるのですから。

日々自問してみてください。「今日、少しでも前進できたことはなんだろう」と。

99

何かに夢中になる

「できない理由」
などどこにもない

○人は「心」から老いていく。だから――

亡くなった先代の住職――私の父は、八〇歳になったときにピアノを習い始めました。何かで「指を動かすことが老化防止になる」と知って、孫を誘って一生懸命練習していたことを覚えています。小さなお子さんたちと一緒に、タキシード姿で発表会にも出たのですから、頭が下がります。

またお檀家さんの奥さまに、五〇歳を過ぎてから「いままで自分が一番苦手にしていたことに挑戦しよう」と山登りを始めた方がいます。どうやら運動が苦手だったようで、平らなところを歩く練習から始めたと聞きます。それがいつの間にか、山登りまでこなすようになったのです。

そういえば芸術家の岡本太郎さんは六〇歳を過ぎてからスキーを始めたというし、何を始めるにも遅すぎるということはないのでしょう。

年齢を言い訳にせずに、新しいことに挑戦し、夢中になれるのはすばらしいこと。心が、人生が、とても充実します。人は心から老いるのです。だから、みなさんも童心に返って、夢中になれることを探してみてはいかがでしょうか。

本書は、本文庫のために書き下ろされたものです。

枡野俊明（ますの・しゅんみょう）
1953年、神奈川県生まれ。曹洞宗徳雄山建功寺住職、庭園デザイナー、多摩美術大学環境デザイン学科教授。玉川大学農学部卒業後、大本山總持寺で修行。禅の思想と日本の伝統文化に根ざした「禅の庭」の創作活動を行ない、国内外から高い評価を得る。芸術選奨文部大臣新人賞を庭園デザイナーとして初受賞。ドイツ連邦共和国功労勲章功労十字小綬章を受章。また、2006年「ニューズウィーク」誌日本版にて「世界が尊敬する日本人100人」にも選出される。近年は執筆や講演活動も積極的に行なう。
主な著書に、『心配事の9割は起こらない』『リーダーの禅語』（以上、三笠書房）、『禅、シンプル生活のすすめ』『禅「心の大そうじ」』『小さな悟り』（以上、三笠書房《知的生きかた文庫》）などベストセラー・ロングセラーが多数ある。

知的生きかた文庫

上手《じょうず》な心《こころ》の守《まも》り方《かた》

著　者　枡野《ますの》俊明《しゅんみょう》

発行者　押鐘太陽

発行所　株式会社三笠書房

〒一〇二-〇〇七二　東京都千代田区飯田橋三-三-一

電話〇三-五二二六-五七三四〈営業部〉

〇三-五二二六-五七三一〈編集部〉

http://www.mikasashobo.co.jp

印刷　誠宏印刷

製本　若林製本工場

ISBN978-4-8379-8587-7 C0130

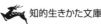